C.H.BECK ■ **WISSEN**

in der Beck'schen Reihe

W0095820

Lew Tolstoi (1828–1910) gehört mit seinen Romanepen *Krieg und Frieden* (1868) und *Anna Karenina* (1878) zum innersten Kern der Weltliteratur. In seiner Schreibweise verwendete er radikal neue Techniken. Diese Kurzbiographie zeichnet nach, wie Tolstoi mit den Lebensentwürfen seiner literarischen Figuren experimentiert und sie auf seine eigene, immer rigorosere Lebenspraxis anwendet. Tolstoi war am Ende seines Lebens der berühmteste Russe, exkommuniziert, den zaristischen Obrigkeiten ein Dorn im Auge, und seine Ehekonflikte waren ein offenes Geheimnis.

Ulrich Schmid lehrt als Professor für Kultur und Gesellschaft Russlands an der Universität St. Gallen.

Ulrich Schmid

LEW TOLSTOI

Verlag C.H.Beck

Originalausgabe
© Verlag C.H.Beck oHG, München 2010
Satz, Druck u. Bindung: Druckerei C.H.Beck, Nördlingen
Umschlagabbildung: Ivan N. Kramskoi, Tolstoi, 1873,
Moskau, Tretjakov-Gallerie © Interfoto/Photoaisa
Umschlaggestaltung: Uwe Göbel, München
Printed in Germany
ISBN 978 3 406 58793 1

www.beck.de

Inhalt

I. Einleitung

Im fünften und «wichtigsten» Punkt seines Testaments vom 27. März 1895 schrieb Lew Tolstoi (1828–1910): «Ich möchte, dass alle Nahen und Fernen mich nicht loben (ich weiß, dass sie es tun werden, denn sie haben es schon zu Lebzeiten auf höchst unangenehme Weise getan), und wenn sie sich schon mit meinen Schriften beschäftigen wollen, dann sollen sie zu jenen Stellen vordringen, in denen – ich weiß es – die göttliche Kraft durch mich gesprochen hat, und sie für ihr Leben verwenden. Es gab bei mir Zeiten, in denen ich fühlte, dass ich vom göttlichen Willen geführt werde. Oft war ich so unrein, so von persönlichen Leidenschaften erfüllt, dass sich das Licht dieser Wahrheit durch meine Finsternis verfinsterte, aber trotzdem ging diese Wahrheit manchmal durch mich, und dies waren die glücklichsten Minuten meines Lebens.» Die Mischung von Arroganz und Bescheidenheit, die aus diesen Zeilen spricht, ist bezeichnend für Tolstois künstlerische Existenz. Kaum ein anderer Autor der Weltliteratur hat die Höhen des Publikumserfolgs und die Tiefen der Selbsterniedrigung so intensiv erlebt wie der unermüdliche Verfasser dreier Romane sowie zahlreicher Erzählungen, die als gültige Selbstreflexionen der russischen Kultur anerkannt sind. Sein literarisches, publizistisches und vor allem epistolarisches Werk ist so umfangreich, dass für die laufende russische Neuausgabe hundert Bände veranschlagt werden.

Tolstois geistige Statur überragt die gesamte russische Literatur, und auf diesen prominenten Platz hatte er bewusst hingearbeitet. Bereits am 5. November 1853 notierte er in seinem Tagebuch: «Ich bin vollkommen überzeugt, dass ich berühmt werden muss.» Für den Beginn einer literarischen Karriere war der Zeitpunkt ausgesprochen günstig: Die großen Autoren der «Kunstperiode» – Puschkin, Lermontow und Gogol – waren tot, Turgenjew und Dostojewski hatten eben erst mit ihren naturalistischen und melodramatischen Erzählungen debütiert. Sehr geschickt verlegte sich Tolstoi bereits sehr früh auf innovative Genres, die in der russischen Literatur noch kaum bearbeitet worden waren: Autobiographie und Kriegsbericht. Die Trilogie *Kindheit* (1852), *Jünglingsjahre* (1854), *Jugend* (1857) machte Tolstoi als Meister der psychologischen Bewusstseinsdarstellung berühmt, in den *Sewastopoler Erzählungen* (1855) präsentierte er den Krimkrieg als Extremsituation, in der gewöhnliche Menschen zu sinnlos sterbenden Helden werden.

Auf dem Höhepunkt seines Ruhms geriet Tolstoi in eine tiefe Lebenskrise. Alles, was er bisher geleistet hatte, erschien ihm nichtig oder verlogen. Er versuchte seine «falsche» literarische Existenz durch ein «richtiges» Leben zu ersetzen. Allzu oft folgte auch die Literaturkritik naiv Tolstois Selbstdarstellung. Immer wieder wurde behauptet, der Moralist habe den Künstler in sich stranguliert. Nur noch bei seltenen Gelegenheiten sei es ihm gelungen, sich zu den literarischen Höhen von *Krieg und Frieden* (1868) und *Anna Karenina* (1878) aufzuschwingen. Diese Einschätzung ist falsch, und ihr ist schon früh von prominenten Intellektuellen widersprochen worden. So hob etwa Wladimir Nabokow (1869–1922), der Vater des gleichnamigen Schriftstellers und Vordenker des russischen Liberalismus, in seinem Nekrolog auf Tolstoi im Jahr 1910 die ästhetische Kraft des Spätwerks und umgekehrt die moralische Grundlage der großen Romane hervor: «Die globale Bedeutung Tolstois liegt gerade in dieser untrennbaren Verbindung des genialen Künstlers und des großen Denkers, der die höchsten, unerreichbaren sittlichen Ideale in sich trägt. Nach der *Macht der Finsternis*, *Herr und Knecht*, der *Kreutzersonate*, *Auferstehung* ist es seltsam, von zwei Gesichtern von Tolstois Werk zu sprechen. Und geben nicht auch in *Krieg und Frieden* und *Anna Karenina* diese hohen Ideale den Ton, den Sinn und die Bedeutung?»

In der Tat sollte Tolstois «Wende» nicht als prinzipieller, sondern nur als gradueller Unterschied verstanden werden. Sein gesamtes Schaffen ist von einem moralischen Impetus getragen, der auch für die Ausformung seiner künstlerischen Meisterschaft verantwortlich ist. Bereits die frühesten Prosatexte treten mit aufklärerischem Anspruch auf. Ein gutes Beispiel bietet die Erzählung «Geschichte des gestrigen Tages» (1851), in der sich eine höchst innovative Bewusstseinsdarstellung mit radikaler Gesellschaftskritik verbindet. Tolstoi will mit seinen Werken nicht einfach unterhalten, sondern erklären, entlarven und anklagen. Seine immense Schaffenskraft erklärt sich aus dieser Mission, die er sich selbst auferlegt hat. Im Lauf seines Lebens veränderte er wohl die Art und Weise dieses Engagements, hielt aber immer am Wunsch nach gesellschaftlicher Einflussnahme fest.

Nach 1878 bündelte Tolstoi seine Ansichten zu einer publizistischen Großoffensive. Er wollte die Aristokratie durch Enteignung zerstören, die Kirche durch Rationalismus, den Staat durch Anarchie, die Kunst durch Moral und letztlich sogar die Menschheit durch Keuschheit. Paradoxerweise sollte dieses rabiate Programm durch das allumfassende Prinzip der Liebe, das er mit Gott gleichsetzte, verwirklicht werden. Seine eigene positive Vision skizzierte Tolstoi in einer Tagebuchnotiz vom 5. Mai 1896, in der er den Sozialismus als neue Versklavung der Menschen durch das Geld anprangerte: «Und so kann die aufgezwungene kapitalistische Gemeinsamkeit im besten Fall zu einer Verbesserung der materiellen Lage der Arbeiter führen, aber keineswegs zu ihrem Wohlergehen. Dieses kann nur eintreten, wenn die Arbeit in freier Gemeinschaft verrichtet wird. Dazu muss man aber lernen, gemeinsam zu leben, man muss sich moralisch vervollkommnen, einander gerne dienen, nicht auf seinen Vorteil bedacht sein. Das alles können wir aber erst lernen, wenn an die Stelle der kapitalistischen Konkurrenz eine ganz andere Ordnung tritt.» Diese neue Ordnung nahm bald auch Züge einer neuen Religion an: Leben, Liebe und Gott würden eins werden, sobald der Mensch das Göttliche in sich erkenne.

Tolstois Kampf gegen Gesellschaft, Kirche, Staat, Kunst und Sexualität war im Wesentlichen auch ein Kampf gegen sich selbst. Als verkleideter Bauer begehrte er gegen den vornehmen Grafen auf, als «wahrer» Christ verdammte er die etablierte

Orthodoxie, als Pazifist zog er gegen den stolzen Offizier zu Felde, als Volksprediger hetzte er gegen den Romanautor, als Keuschheitsapostel verurteilte er den ausschweifenden Jüngling und den dreizehnfachen Vater. Letztlich bildeten aber genau diese Widersprüche jenes Sinnvakuum, das Tolstoi mit seiner literarischen Tätigkeit auszufüllen suchte.

Dabei wandte er verschiedene Textstrategien an, die vordergründig von Demut zeugen, aber letztlich immer noch den ursprünglichen Stolz weiter nähren. So blieb auch für den späten Tolstoi das Verlangen nach Ruhm ein wichtiges Problem. Am 9. November 1891 heißt es in einem Brief: «Ich fürchte mich vor dem Ruhm bei den Menschen und frage mich beständig, ob ich mich nicht durch Ruhmsucht versündige, und versuche, mich selbst streng zu beurteilen und vor Gott und für Gott zu handeln.» An seine Kinder Lew und Tatjana schrieb er am 12. März 1894, dass der «Dämon der Eitelkeit» nie von ihm ablasse, ihn aber auch nicht in seine Gewalt bringe. Am 15. Mai 1895 arbeitete Tolstoi im Tagebuch eine bemerkenswerte Lösung für sich aus, die sein Bedürfnis sowohl nach Ruhm als auch nach Ruhmlosigkeit befriedigte. Durch eine Diskussion verschiedener Begriffe gelangte Tolstoi zum Schluss, der bewusste Verzicht auf Ruhm führe zum höchsten Ruhm der Heiligkeit: «Man darf nicht vermischen: Eitelkeit mit Ruhmesliebe und noch weniger mit der Sehnsucht nach Liebe – Liebesliebe. Das Erste ist der Wunsch, sich vor anderen mit nichtigen, manchmal sogar schlechten Dingen hervorzutun, das Zweite ist der Wunsch, für Nützliches und Gutes gelobt zu werden, das Dritte ist der Wunsch, geliebt zu werden. Das Erste: gut zu tanzen, das Zweite: unter den Menschen als gut, klug zu gelten, das Dritte: den Ausdruck der Liebe der Menschen zu sehen. Das Erste ist schlecht, das Zweite besser, was immer es auch sei, das Dritte ist legitim. Sich keinem dieser drei hinzugeben und sich nur um das Urteil Gottes zu kümmern ist Heiligkeit.»

Tolstoi als Heiliger – dieses Ziel mochte er sich natürlich keinesfalls eingestehen. Seine ganze Lebensführung nach der Krise zeigt jedoch deutlich, wie er den Status des «Weisen von Jasnaja Poljana» nicht nur anstrebte, sondern auch genoss. Das unermüdliche Empfangen von Ratsuchenden, die ausufernde Korrespondenz mit Bewunderern, das öffentliche Engagement in der Tagesaktualität – all dies erschien Tolstoi als Lebensinhalt, der dem Verfassen von literarischen Werken überlegen sei. Dieses Ichideal spiegelt sich auch in der zunehmenden Zahl von heiligen Eremiten, die in Tolstois späten Erzählungen als Helden auftreten («Vater Sergij», 1890, «Nachgelassene Aufzeichnungen des Mönchs Fjodor Kusmitsch», 1905, «Vater Wassili», 1906).

Tolstoi hat seine Krise mit Nachdruck als absolute Zäsur in seinem Leben bezeichnet. Man darf aber nicht übersehen, dass er mit seiner sensationellen *Beichte* (1882) vor allem sich selbst von seiner radikalen Umkehr überzeugen wollte. Seine schriftstellerische Produktion vor und nach der Wende lässt sich immer noch auf einen gemeinsamen Nenner bringen: die geschickte Inszenierung des eigenen Ich. Anton Tschechow charakterisierte in einem Brief vom 24. August 1898 sehr treffend die Aura um Tolstoi, als er eine Einladung zum siebzigsten Geburtstag des Dichters ablehnte: «Wozu hinfahren? Tolstois Leben ist ein ständiges Jubiläum, und es gibt keinen Grund, einen bestimmten Tag hervorzuheben.»

Durch alle Genres hindurch – Briefe, Romane, Erzählungen, Traktate, Pamphlete – kann Tolstois Gesamtwerk als symbolische Autobiographie gelesen werden. Am deutlichsten äußert sich Tolstois schriftstellerische Konzentration auf sein eigenes Leben in seiner Gewohnheit, exzessiv Tagebuch zu führen. Als sich seine Ehekrise zuspitzte, ging er sogar zu einer doppelten Buchführung über. Das normale Tagebuch wurde weiterhin mit seinem Einverständnis von seiner Frau gelesen, daneben gab es aber noch ein geheimes «Tagebuch nur für mich selbst».

Es gibt bei Tolstoi kaum einen Text, der nicht in irgendeiner Form eine bestimmte Lebenssituation des Autors verarbeitet. Damit ist allerdings keine simple Widerspiegelung gemeint: Tolstoi hat sein Leben nicht in Literatur verwandelt, sondern die Literatur als Schlüssel für die Deutung seines eigenen Lebens eingesetzt, das sich ihm als Rätsel präsentierte. Schreibend versuchte Tolstoi, sich der drohenden Sinnentleerung des Lebens entgegenzustellen.

Der Übergang von dokumentarischer zu fiktionaler Literatur
ist bei Tolstoi fließend. Tolstois Kunst kann am besten verstanden werden als literarische Verwandlung privater Aufzeichnungen in ein öffentlich zugängliches Werk. Die Ichfixierung des
Tagebuchs wird dabei weitgehend beibehalten. Allerdings erfin-
det Tolstoi für das zentrale erlebende Bewusstsein neue Identitäten. Die autobiographischen Helden seiner Romane und Erzählungen heißen Irtenjew, Olenin und immer wieder Nechljudow
– in diesem Namen klingt russisch «nechudoi» (nicht dünn) als
Synonym für «tolstoi» (dick) an. Besonders interessant sind
Texte wie der Roman *Jugend*, in dem zwei Ichspiegelungen von
Tolstoi auftreten: Der junge Irtenjew freundet sich mit dem älteren Studenten Nechljudow an. Unschwer lässt sich in dieser
Konstruktion der Versuch erkennen, ein inneres Dilemma des
Autors auf den Dialog zwischen zwei literarischen Handlungs-
figuren zu verteilen. Die Entwicklungsstadien zweier Lebensalter können so auf anschauliche Weise miteinander konfrontiert
werden. Die Romanhandlung wird in diesem Fall zu einer The-
rapie der eigenen problematischen Identität. Dieser Mechanis-
mus war Tolstoi durchaus bewusst. In einem Brief vom 23. Januar 1865 schrieb er: «Der Schriftsteller nimmt das Beste aus
seinem Leben und legt es in sein Werk. Deshalb ist sein Werk
einzigartig schön und sein Leben schlecht.» Und seiner Tochter
Tatjana erklärte er: «Tag für Tag muss ich ein Stück meiner selbst
in dem Tintenfass lassen, damit meine Arbeit ertragreich ist.»
  Tolstoi versuchte immer wieder, ein übergreifendes Erklä-
rungsmodell für die einzelnen Ereignisse seines Lebens zu finden. Dabei bediente er sich gern mathematischer Formeln. Am
29. Oktober 1884 schrieb er an seine Frau Sofia Andrejewna:
«Ich habe gehört und auch selbst bemerkt, dass eine Periode von
sieben Jahren im Menschen eine Veränderung mit sich bringt.
Der wichtigste Wandel in mir war: $7 \times 7 = 49$.» Eine ähnliche
Konzeption hatte er bereits in einem langen Brief vom 30. November 1875 ausgearbeitet, in dem er auf sein bisheriges Leben
zurückblickte. Er unterschied dabei drei Lebensalter: Jugend,
Reife und Alter. Er selbst befinde sich nun auf dem Abstieg vom
«geheimnisvollen Berggipfel des Lebens» und habe nur noch

den Tod vor sich. In einem Brief vom 19. Mai 1902 wiederholte er diese Konzeption, wobei er die Zahl seiner Lebensabschnitte auf vier erhöhte: die «poetische Periode der Kindheit bis vierzehn», die «schreckliche zwanzigjährige Periode wilder Ausschweifung», die «achtzehnjährige Periode zwischen Heirat und geistiger Geburt» und schließlich die bereits über zwanzig Jahre dauernde Periode des Alters.

Seine Tochter Tatjana berichtet von einem Zahlenaberglauben, dem Tolstoi anhing. Er wies immer wieder darauf hin, dass die Zahl 28 eine große Rolle in seinem Leben spielte: Er wurde am 28. August 1828 geboren. An einem 28. schloss er sich der Kaukasus-Armee an. Der Brief, in dem er von der Veröffentlichung seines ersten Werks erfuhr, erreichte ihn an einem 28. Sein erster Sohn wurde an einem 28. geboren.

Möglicherweise war gerade die Omnipräsenz des eigenen Ich in Tolstois Werken daran schuld, dass er sich nach seinem autobiographischen Debüt diesem Genre kaum mehr zuwandte. Die erste Biographie über Tolstoi stammt aus der Feder seiner Frau und erschien 1879 in der Serie «Russische Bibliothek». Tolstoi befürwortete dieses Projekt und sah den Text seiner Frau wiederholt durch. Am 28. November 1878 schrieb er in einem Brief: «Ich empfinde es anregend, im Gedächtnis mein Leben wieder auferstehen zu lassen. Und wenn Gott mir noch weiterhin Leben schenkt und ich irgendwann auf die Idee komme, meine Lebensgeschichte aufzuschreiben, wird mir dies eine gute Grundlage bieten.»

Der Anstoß zu diesem Unternehmen kam indes von außen. 1901 beauftragte der Pariser Stock-Verlag den damals in der Schweiz lebenden Pawel Birjukow mit der Herausgabe einer Tolstoi-Ausgabe und fragte ihn, ob er auch eine Biographie schreiben würde. Der ehemalige Leiter von Tolstois Volksverlag «Der Vermittler» machte sich an die Materialsammlung; Tolstoi selbst half bereitwillig und brachte in den Jahren 1903 bis 1906 mehrere Dutzend Seiten *Erinnerungen* zu Papier. Diese Aufgabe gestaltete sich für Tolstoi zunächst schwierig. In einem Brief vom 20. August 1902 teilte er Birjukow mit: «Ich habe gesehen, wie entsetzlich schwierig es ist, zwischen der Charybdis des Selbstlobs (durch Verschweigen alles Schlechten) und der Szylla des zynischen Offenlegens meiner ganzen Niederträchtigkeit hindurchzusegeln.» Am 6. Januar 1903 schien er in seinem Tagebuch eine Lösung für dieses Problem gefunden zu haben: «Welch ein Glück, dass die Erinnerung mit dem Tod verschwindet und nur das Bewusstsein zurückbleibt. Dieses Bewusstsein repräsentiert gewissermaßen die allgemeine Bilanz von Gut und Böse und ist wie eine komplizierte Gleichung, die auf die einfachste Formel reduziert wird: x = positiv oder negativ, groß oder klein.» In seinen *Erinnerungen* klopfte er sich selbstbewusst auf die eigene Schulter: «Ich glaube, dass eine solche von mir geschriebene Biographie mit all ihren großen Mängeln für die Menschen nützlicher sein wird als das ganze künstlerische Geschwätz, mit dem meine zwölf Bände der Gesamtausgabe angefüllt sind und dem die heutigen Menschen eine unverdiente Bedeutung zuschreiben.» Allerdings scheiterte Tolstoi letztlich mit seinem autobiographischen Großprojekt. Seine *Erinnerungen* bleiben in der Charakteristik der Familienangehörigen, Hauslehrer und Diener stecken. Tolstois Ich verliert sich konturlos hinter der anonymen Stimme des Erzählers. Tolstoi war sich dieser kompositorischen Schwierigkeiten sehr wohl bewusst. Im September 1906 las er *Dichtung und Wahrheit*, um zu erfahren, wie der «Greis Goethe» sein Leben beschreibe. Und zu Beginn des achten Kapitels der *Erinnerungen* gestand er sich ein: «Je weiter ich mich in meinen Erinnerungen fortbewege, desto unsicherer werde ich, wie ich sie schreiben soll. Ich kann die Ereignisse und meine Seelenzustände nicht zusammenhängend beschreiben, weil ich mich nicht an den Zusammenhang und die Abfolge der Seelenzustände erinnere.»

In den letzten Jahren konnte Tolstoi überhaupt kaum mehr über die schriftliche Fixierung seines Lebens bestimmen. Schier endlos ist die Zahl der Schilderungen, die alle Hauslehrer, Sekretäre und Besucher über ihren Aufenthalt auf dem Landgut in Jasnaja Poljana veröffentlicht haben. Die Grenze zwischen Memoiren und Biographie verwischt sich dabei: Tolstois Leibarzt Dušan Makovický führte nach 1904 als eine Art Eckermann Tag für Tag über das Leben auf Jasnaja Poljana peinlich genau

Buch. Pawel Birjukow (1860–1931) veröffentlichte zwischen 1905 und 1922 seine dreibändige Biographie, die er im Lauf der Arbeit immer wieder Tolstoi selbst zur Korrektur vorlegte. Die persönlichen Sekretäre Nikolai Gusew (1882–1967) und Walentin Bulgakow (1886–1966) beschrieben detailliert Tolstois letzte Lebensjahre. Tolstois Mitstreiter und Nachlassverwalter Wladimir Tschertkow (1854–1936) veröffentlichte nach Sofia Andrejewnas Tod seine eigene Version der langjährigen Ehekrise, die schließlich zu Tolstois spektakulärer Flucht aus Jasnaja Poljana geführt hatte.

Diese Biographie greift Tolstois wichtigste Lebensthemen auf und versucht zu zeigen, wie er sie in unterschiedlichen Schaffensperioden ausdeutete. Dabei soll deutlich werden, wie Tolstoi in seinen literarischen Texten mit verschiedenen Daseinsentwürfen experimentierte, die er in seiner Lebenspraxis entweder befolgte oder verwarf.

2. Familie, Ehedrama und Wunsch nach Einsamkeit

Tolstoi wurde am 28. August 1828 in eines der ältesten Adelsgeschlechter Russlands mit ausgezeichneten Verbindungen zum Zarenhof hineingeboren. Die Familie verfügte über 330 Leibeigene und ein Landgut von über 1600 Hektar. Damit gehörte die Familie zu den reichsten fünf Prozent der russischen Aristokratie. Der Ertrag des Landgutes ermöglichte den Tolstois einen standesgemäßen Lebensstil mit einer umfangreichen Dienerschaft, Wirtschafterinnen, Hauslehrern, Köchen und Kutschern. Aus dem Jahr 1835 hat sich ein Rechnungsbuch erhalten, das für zwölf Monate Haushaltskosten in der Höhe von 5673 Rubeln ausweist. Zum Vergleich: Der Romanautor Iwan Gontscharow (1812–1891) bezog als subalterner Staatsbeamter damals ein Jahresgehalt von 823 Rubeln.

Zeit seines Lebens war Tolstoi stolz auf seinen Grafentitel, den Peter der Große in die russische Adelshierarchie eingeführt hatte. Als der junge Tolstoi mit seiner autobiographischen Trilogie debütierte, trat er mit wachsendem Erfolg schrittweise aus der Anonymität: *Kindheit* (1852) unterzeichnete er noch bescheiden mit den Initialen L. N., in den *Jugendjahren* (1854) kam der Anfangsbuchstabe des Familiennamens hinzu (L. N. T.), und *Jugend* (1857) erschien schließlich mit vollem Namen samt Adelstitel: Graf L. N. Tolstoi.

Lew Tolstoi genoss eine ausgezeichnete Erziehung und Bildung; in seiner Kindheit lernte er Französisch, Deutsch und Englisch. Besonders wichtig war für den jungen Tolstoi der Begriff des «comme il faut», dem er in *Jugend* sogar ein ganzes Kapitel widmete: «Mein comme il faut bestand zuallererst und hauptsächlich in einem hervorragenden Französisch und besonders in der Aussprache. Ein Mensch, der das Französische schlecht aussprach, erregte sofort in mir ein Gefühl des Hasses. Warum willst du so sprechen wie wir, wenn du es nicht kannst? – fragte ich ihn in Gedanken mit giftigem Spott. Die zweite Bedingung des comme il faut waren die Fingernägel – lange, gepflegte und saubere; die dritte war die Fähigkeit, sich zu verbeugen, zu tanzen und sich zu unterhalten; die vierte, und sehr wichtige, war eine Gleichgültigkeit gegenüber allem und ein ständiger Ausdruck einer gewissen eleganten, herablassenden Langeweile.»

Noch in einem Entwurf zu *Krieg und Frieden* aus dem Jahr 1864 schrieb Tolstoi selbstbewusst: «Ich bin kein Kleinbürger, wie auch Puschkin stolz sagte, und ebenso stolz sage auch ich, dass ich ein Aristokrat hinsichtlich Geburt, Benehmen und Stellung bin. Ich bin ein Aristokrat, weil ich mich meiner Vorfahren – meines Vaters, meiner Großväter und Urgroßväter – keinesfalls mit Scham, sondern mit Freude erinnere. Ich bin ein Aristokrat, weil ich von Kindheit an erzogen wurde mit Liebe und Respekt für die höchsten Gesellschaftsschichten und mit einer Vorliebe für das Distinguierte, wie es nicht nur in Homer, Bach und Raphael ausgedrückt ist, sondern auch in den kleinen Dingen des Lebens. Ich bin ein Aristokrat, weil ich das große Glück hatte, dass weder ich noch mein Vater oder mein Großvater Entbehrung oder den Kampf zwischen Gewissen und Entbehrung kannten oder jemanden beneiden oder um einen Gefallen bitten mussten oder gezwungen waren, sich für Geld oder für eine gesellschaftliche Stellung ausbilden zu lassen usw. – Torturen, denen ärmere Leute ausgesetzt sind. Ich sehe, dass dies ein großes Glück war, und ich danke Gott dafür; aber wenn dieses Glück nicht jedem zuteilwird, sehe ich keinen Grund, weshalb ich darauf verzichten oder daraus keinen Vorteil ziehen sollte.

Ich bin ein Aristokrat, weil ich nicht an den hohen Verstand, den ausgebildeten Geschmack oder die absolute Ehrlichkeit eines Mannes glauben kann, der in seiner Nase bohrt und gleichzeitig mit Gott ein Zwiegespräch führt.»

Tolstoi war früh mit dem Tod seiner Eltern konfrontiert. Die Mutter verlor er als knapp Zweijähriger, den Vater als Achtjähriger. Erzogen wurde der Knabe von einer entfernt verwandten Tante, Tatjana Alexandrowna Jergolskaja (1792–1874). Kurz vor seinem Tod hatte Tolstois verwitweter Vater versucht, Tatjana Jergolskaja zur Ehe zu überreden. In einem Brief vom 16. August 1836 reagierte sie verwirrt: «Nikolai machte mir heute einen seltsamen Vorschlag – ich solle ihn heiraten, seinen Kindern die Mutter ersetzen und sie nie verlassen. Ich lehnte den ersten Vorschlag ab und versprach, den zweiten zu erfüllen, solange ich lebe.»

Tolstoi erfuhr in seiner Kindheit den Zusammenhalt einer Familie immer als etwas Labiles und Gefährdetes. Die Familiengründung entsprang bei Tolstoi auch nicht einem inneren Bedürfnis, sondern war das Resultat eines langen, abwägenden Kalküls. Der Gedanke an eine Heirat taucht bezeichnenderweise schon in einem Brief vom 12. Januar 1852 und einer Tagebuchaufzeichnung vom 21. März 1856 auf, noch bevor er überhaupt eine Braut hatte. Entsprechend konstruiert wirken auch seine Liebesbriefe an die erste Kandidatin für seine hochtrabenden Pläne. Im Jahr 1856 steigerte sich Tolstoi in eine imaginäre Liebesbeziehung zu Waleria Arsenjewa hinein, die er weniger als Person denn als Spielfigur in seinem privaten Familienprojekt verehrte. Am 19. November heißt es in einem der langen Traktate, mit denen er das Objekt seiner Absichten bisweilen mehrmals wöchentlich belehrte: «Mit Folgendem müssen wir uns abfinden: ich damit, dass der größte Teil meiner geistigen und in meinem Leben wichtigsten Interessen Ihnen fremd bleiben wird, und Sie müssen sich mit dem Gedanken abfinden, dass Sie die Gefühlsfülle, die Sie mir geben werden, niemals in mir finden werden.» Dieser didaktische Impetus zieht sich durch den gesamten Briefwechsel. So fordert Tolstoi von Waleria Arsenjewa am 23. November, sie müsse sich entwickeln, um «jene Dinge verstehen zu können, die auf dieser Welt der Liebe würdig» seien: «Abgesehen von der Tatsache, dass es die Bestimmung der Frau ist, Ehegattin zu werden, besteht ihre größte Bestimmung darin, Mutter zu sein. Und um Mutter und nicht nur Gebärerin zu sein (verstehen Sie diesen Unterschied?), ist Entwicklung nötig.» Die Beziehung zu Waleria Arsenjewa scheiterte genau an der Tatsache, dass Tolstoi nur sein eigenes weibliches Wunschbild anbetete.

Dieser Misserfolg spornte ihn jedoch nur noch mehr an, das *Familienglück* – so der Titel eines Kurzromans (1859) – zur Wunschphantasie zu erheben und literarisch auszugestalten. Tolstoi zeigt gewissermaßen die Dialektik der Paarbeziehung, wie sie sich aus seiner Sicht präsentiert: Eine junge Ehefrau und Mutter kann das ländliche Dasein auf dem Gut ihres Mannes erst schätzen, nachdem sie beinahe den Verlockungen der adligen Hofgesellschaft erlegen ist. Dieser literarisierte Entwurf wirkte stark auf Tolstois eigenes Verhalten zurück, weil er ein weibliches Bewusstsein genau so porträtiert, wie es sich der Autor vorstellte. Der Roman ist als Icherzählung der jungen Gattin geschrieben; im Russischen macht sich diese Markierung stärker als im Deutschen bemerkbar, weil jedes Verb in der Vergangenheitsform das Geschlecht des Sprechenden anzeigt.

Allerdings änderte sich Tolstois idealisierendes Bild der Familie radikal, nachdem er 1862 die achtzehnjährige Sofia Andrejewna Behrs (1844–1919) geheiratet hatte. Die Braut stammte aus einer gut situierten Moskauer Arztfamilie und hoffte zunächst auf eine romantische Seelenverwandtschaft der Ehegatten. Diese exaltierten Erwartungen wichen jedoch bald einem ständig schwelenden Streit über Haushaltsführung und Kindererziehung. Die Familie erschien Tolstoi nun immer weniger als

Garant des Glücks, sondern als Behinderung eines sittlich bewussten Lebens, das sich nicht in der Erledigung banaler Alltagspflichten erschöpft. Gegenüber Nikolai Peterson, der im Jahr von Tolstois Hochzeit als Dorflehrer in Jasnaja Poljana arbeitete und später als Verbreiter der Werke des Philosophen Nikolai Fjodorow (1829–1903) bekannt wurde, äußerte Tolstoi mehrmals: «Wer ein junges Fräulein heiratet, nimmt das ganze Gift der Zivilisation in sich auf.» Seine eigene Ehe entwickelte sich im Laufe der Jahre immer mehr zu einem Rosenkrieg. Sowohl Tolstoi als auch seine Frau trugen sich immer wieder mit dem Gedanken, einander zu verlassen oder gar Selbstmord zu begehen. Tolstois Flucht aus Jasnaja Poljana im Jahr 1910 und sein einsamer Tod auf der Bahnstation Astapowo, wo Tschertkow nicht einmal seine Frau zu ihm ließ, markiert deshalb nur den dramatischen Höhepunkt einer Reihe früherer Konflikte.

Das Thema der Familie spielt in Tolstois Opus magnum *Krieg und Frieden* (1868) eine prominente Rolle. Der Autor lässt seinen Helden Pierre Besuchow am Ende des Romans in den sicheren Hafen der Ehe einlaufen. Seine Gattin Natascha Rostowa ist zwar eine lebensfrohe und auch lebenstüchtige Frau, höhere geistige Interessen stehen ihr jedoch nicht nur fern, sondern bleiben ihr auch intellektuell verschlossen. Damit ist ein Muster vorgezeichnet, das auch in vielen späteren Texten immer wieder vorkommt: Die Gründung einer Familie ist für den suchenden Helden zwar eine ehrenwerte, aber nicht sonderlich faszinierende Option. Pierre Besuchow gewinnt eine reizende Frau und ist mit Kindern reich gesegnet. Er tritt durch den berühmten Windelgeruch des Epilogs nahe an das Leben heran. Gleichzeitig verflacht aber seine Existenz merklich: Die Sicherung der Familie ist ein durchaus ehrenwertes Ziel, das aber immer mit dem Makel der Abgrenzung eines glücklichen Privatbezirks aus dem Weltelend behaftet ist.

Der berühmte erste Satz des Romans *Anna Karenina* (1878) muss deshalb auch als programmatisches Statement ernst genommen werden: «Alle glücklichen Familien ähneln einander, während jede unglückliche Familie auf ihre eigene Weise unglücklich ist.» Mit anderen Worten: Glück führt in die Monotonie, Unglück sichert Individualität. *Anna Karenina* endet mit dem Selbstmord der Titelheldin, die ihre eigene Familie für eine außereheliche Beziehung geopfert hat. Konstantin Lewin, der von Zweifeln getriebene Held des zweiten Handlungsstrangs, kann im Gegenzug seine Geliebte vor den Altar führen und taucht in ein solides, aber hausbackenes Eheglück ein. Tolstoi erzählt die Tragödie seiner Heldin mit einer tiefen Sympathie, präsentiert sie aber auch als Exempel für eine verderbliche Lebensführung, die nur der eigenen Leidenschaft folgt. Trotzdem markiert Anna Kareninas Selbstmord auch einen Moment höchster Erkenntnis: Sie bringt sich gerade deshalb um, weil sie die absolute Falschheit ihres Lebensentwurfs verstanden hat. Umgekehrt findet Lewins religiöse Sinnsuche ein Ende, als er eine Familie gründet. Tolstoi spielt also nicht einfach eine positive gegen eine negative Lösung aus, sondern stattet seinen Roman mit einer komplizierten Pointe aus: Lebenserfolg und Lebenserkenntnis scheinen sich gegenseitig auszuschließen. In der Komposition des Romans ist das eine der Preis des anderen.

In *Anna Karenina* taucht letztmals in Tolstois Werk die Vision einer glücklichen Familie auf, die sich als Lösung der Probleme der Sinn suchenden Helden anbietet. Die Intensivierung der eigenen religiösen Überlegungen in den letzten drei Lebensjahrzehnten scheinen Tolstoi davon überzeugt zu haben, dass die Familie auch im günstigsten Fall weder das allgemeine noch sein persönliches Lebensglück garantieren könne.

Vor diesem Hintergrund wird auch verständlich, warum der späte Tolstoi immer wieder vom Wunsch getrieben wurde, seine eigene vielköpfige Familie zu verlassen und ein Leben als Einsiedler zu führen. Dem Mathematiklehrer seiner Söhne Alexei Nowikow erklärte Tolstoi im Jahr 1891: «Die schlimmste Prüfung, die Gott dem Menschen schickt, ist die Familie. Nicht umsonst hat jemand einmal gesagt, dass nur derjenige glücklich ist, der bei sich zu Hause glücklich ist. Vor allem ist man für immer an die Familie gekettet und stößt jede Minute auf gegensätzliche Meinungen, Angelegenheiten und Gespräche, die einem nicht gefallen oder die man nicht aushalten kann, ohne aufzubrausen.»

Zu diesem Zeitpunkt arbeitete Tolstoi bereits an seinem letzten Roman *Auferstehung* (1899), in dem er die Familiengründung zwar als Motiv immer in der Schwebe hält, sie letztlich aber als Lösungsmöglichkeit ausschließt. Im Zentrum des Romans steht der Fürst Dmitri Nechljudow. Er erkennt als Geschworener in der Angeklagten eine Frau, die er vor längerer Zeit verführt und verlassen hatte. Aufgrund eines Justizfehlers wird die unschuldige Frau wegen Raubmordes zu vier Jahren Katorga verurteilt. Nechljudow erkennt seine Schuld und folgt der Verurteilten nach Sibirien, um sie dort zu heiraten – nicht so sehr aus Liebe, sondern als selbst auferlegte Strafe. Die Gefangene nimmt sein Opfer nicht an, sondern heiratet einen Verbannten, den sie aber nicht wirklich liebt. Nechljudow findet in der Lektüre des Evangeliums einen neuen Lebenssinn.

Es ist bezeichnend, dass Heirat im Wertsystem des Romans *Auferstehung* kein glückliches Ereignis darstellt, sondern Buße oder Entsagung bedeutet. Eine Heirat zwischen den beiden Protagonisten des Romans hätte in eine Aporie geführt: Durch ihre unermüdliche Vernunftarbeit qualifizieren sich sowohl Nechljudow als auch die Gefangene als moralisch wertvolle Wesen, die eigentlich eine glückliche Ehe führen müssten. Genau das aber ist für den späten Tolstoi unvorstellbar. Deshalb findet sich in Nechljudows Biographie auch eine gescheiterte Ehe, die beispielhaft für das Zusammenleben von Mann und Frau steht: «Zwischen den Eheleuten stellte sich das übliche Nichtverstehen und sogar der Unwille, einander zu verstehen, ein, und sie trugen einen stillen, schweigsamen, vor den Außenstehenden verborgenen und vom Anstand gemäßigten Kampf aus, der ihm das Leben zu Hause sehr schwer machte. Deshalb erschien ihm das Familienleben noch mehr ‹nicht das› zu sein als der Dienst und der Hofrang.»

Konsequenterweise förderte Tolstoi nicht nur die Verheiratung seiner Kinder nicht, sondern hintertrieb sie wiederholt. Bei seiner jüngsten Tochter Alexandra war eine solche Einflussnahme gar nicht nötig: Sie teilte die skeptischen Ansichten ihres Vaters über die Ehe und blieb ledig. Umso nachhaltiger mischte sich Tolstoi in die Herzensangelegenheiten seiner Töchter Tat-

jana und Maria ein. 1892 bat Tolstoi sowohl Tatjana als auch
ihren Geliebten, sich nicht mehr zu treffen und keine Briefe
mehr auszutauschen. Und einem Verehrer Marias schrieb er am
3. August 1893: «Heiraten kann man nur dann, wenn es eine
absolute Übereinstimmung der Ansichten oder eine unbezwing-
bare Leidenschaft gibt. Hier liegt weder das eine noch das andere vor.» Beide Töchter fügten sich dem Willen des Vaters und
heirateten erst einige Jahre später andere Männer.

3. Erziehung und Bildung –
Tolstoi als Autodidakt und Pädagoge

Wie alle Kinder aus gehobenen Adelsfamilien besuchte Tolstoi
keine Schule, sondern wurde von Hauslehrern unterrichtet. Zunächst war Theodor Rössel für seine Erziehung zuständig, später wurde der gutmütige Deutsche von einem autoritären Franzosen abgelöst: «Prospère Saint-Thomas sperrte mich erstens in
ein Zimmer ein und drohte mir zweitens mit der Peitsche. Und
ich verspürte ein schreckliches Gefühl des Unwillens und des
Aufruhrs nicht nur gegenüber Saint-Thomas, sondern auch gegenüber der Gewalt, die er mir antun wollte.» In dieser trauma-
tischen Erfahrung ist bereits der Ursprung von Tolstois straf-
freier Pädagogik der späteren Jahre angelegt.

Mit dem Ziel, Diplomat zu werden, schrieb sich Tolstoi 1844
an der Fakultät für orientalische Sprachen der Universität Kasan
ein. Die Aufnahmeprüfung verlief nur in den Sprachfächern und
in Mathematik erfolgreich, in Geschichte, Geographie und Statistik bekam Tolstoi die schlechteste Note. Später erinnerte sich
Tolstoi, dass er in der Geographieprüfung keine einzige französische Hafenstadt nennen konnte. Nach Wiederholung der nicht
bestandenen Prüfungen wurde er als Student zugelassen. Allerdings dauerte Tolstois Orientalistikstudium nicht lange.

Nachdem er «wegen äußerst seltenem Besuch der Vorlesungen und absoluter Kenntnislosigkeit in Geschichte» nicht ein-

mal zu den Abschlussprüfungen des ersten Jahrs antreten durfte, wechselte er an die juristische Fakultät. An seiner Disziplinlosigkeit änderte sich jedoch wenig: Wegen Schwänzens des Geschichtsunterrichts wurde er mit Karzer bestraft. Tolstoi reagierte auf sein akademisches Scheitern mit einer Methode, die für seine ganze Lebensgestaltung typisch wurde. Er begann ein zweispaltiges Journal zu führen, in dem er auf der einen Seite die Forderungen an sich selbst und auf der anderen Seite seine Leistungen auflistete. Der Eintrag vom 3. März 1847, der beispielhaft für viele andere stehen darf, zieht eine gemischte Tagesbilanz:

8–10	Faust lesen	erfüllt
10–12	Rousseau mit Kommentaren lesen	nicht ganz erfüllt
12–4	Enzyklopädie des Rechts	ein wenig
4–6	Öffentliches Recht	verschlafen
6–7	Institutionen	erfüllt
7–8	Englische Sprache	ein wenig

Immer wieder aber finden sich auch ganze Tage, in denen Tolstoi die Aufgaben mit einer geschweiften Klammer zusammenfasste und lakonisch «nichts» auf der Leistungsseite eintrug.

Bald begann Tolstoi, die äußere Erziehung ganz durch eine innere zu ersetzen. In verschiedenen Notizen stellte er alle möglichen Regeln zusammen: «Grundregeln», «Verbesserungsregeln», «praktische Regeln», «Regeln für die Entwicklung des Körperwillens», «Regeln zur Entwicklung des Gefühlswillens», «Regeln für die Unterordnung der Selbstliebe unter den Willen», «Regeln zur Unterordnung der Liebesgefühle unter den Willen», «Regeln zur Entwicklung des vernünftigen Willens», «Regeln zur Entwicklung des Gedächtnisses», «Regeln zur Entwicklung der Verstandestätigkeit», «Regeln zur Entwicklung des Vorstellungsvermögens».

Freilich blieb Tolstoi immer wieder hinter seinen eigenen Anforderungen zurück. Das betraf vor allem die sexuelle Enthaltsamkeit. Im März 1847 verbrachte er einen Monat in der Kasaner Universitätsklinik, um eine Tripper-Infektion behandeln zu lassen. Deshalb bat er noch vor den Abschlussprüfungen des ersten Jahres «wegen zerrütteter Gesundheit und häuslicher Angelegenheiten» um die Exmatrikulation. Zwei Jahre später unternahm Tolstoi einen letzten Anlauf, einen Universitätsabschluss zu machen, diesmal in St. Petersburg. Am 13. Februar 1849 teilte er seinem Bruder seinen Entschluss mit, «für immer» in Petersburg zu bleiben, das Studium abzuschließen und nachher in den Staats- oder Militärdienst einzutreten. «Für immer» dauerte in diesem Fall knapp vier Monate.

Bevor Tolstoi aus Kasan nach Jasnaja Poljana aufbrach, verordnete er sich ein anspruchsvolles Bildungsprogramm. Am 18. April 1847 notierte er in seinem Tagebuch:

«1) Den ganzen juristischen Kurs lernen, um das Schlussexamen an der Universität abzulegen. 2) Praktische und einen Teil der theoretischen Medizin lernen. 3) Sprachen lernen: Französisch, Russisch, Deutsch, Englisch, Italienisch, Latein. 4) Landwirtschaft sowohl theoretisch als auch praktisch erlernen. 5) Geschichte, Geographie und Statistik lernen. 6) Mathematik lernen, Gymnasialkurs. 7) Dissertation schreiben. 8) Höchste Perfektion in Musik und Malerei erreichen. 9) Regeln aufschreiben und 10) einige Kenntnisse in den Naturwissenschaften erlangen. 11) Werke über alle Gegenstände verfassen, die ich erlerne.»

Die Steuerung des eigenen Verhaltens durch Protokolle fand auch Eingang in das frühe Prosafragment «Geschichte des gestrigen Tages» (1851). Der Protagonist führt zu selbsttherapeutischen Zwecken nach dem Vorbild von Benjamin Franklin ein Journal seiner Laster: Faulheit, Lüge, Völlerei, Unentschlossenheit, Profilierungssucht, Wollust, Feigheit usw. Allerdings entlarvte Tolstoi bereits im frühen autobiographischen Roman *Jugend* (1857) solche Vorsätze als narzisstische Illusionen. Sein pubertärer Held träumt von einer steilen akademischen Karriere: «Ich werde jeden Tag zu Fuß zur Universität gehen (und wenn man mir eine Kutsche gibt, verkaufe ich sie und gebe das Geld den Armen) und werde zuverlässig alles ausführen (was dieses ‹alles› war, konnte ich damals nicht sagen, aber ich verstand und fühlte lebendig dieses ‹Alles› eines vernünftigen, moralischen, tadellosen Lebens). Ich werde die Vorlesungen zusammenfassen und sogar im Voraus den Lernstoff durchgehen, sodass ich im ersten Jahr der Erste sein werde und eine Dissertation schreiben werde; im zweiten Jahr werde ich ebenfalls bereits alles im Voraus wissen, und man kann mich direkt ins dritte Jahr einteilen, sodass ich als Achtzehnjähriger das Studium als erster Kandidat mit zwei Goldmedaillen abschließen werde, dann werde ich Magister und Doktor und werde der erste Gelehrte Russlands ... sogar in Europa kann ich der erste Gelehrte sein ...»

Trotz solcher Selbstironisierungen lebte Tolstoi noch im hohen Alter nach festen Regeln, die er oft auch in schematisierte Form brachte. Dem Hauslehrer seiner Neffen, Theodore von Hafferberg, erklärte er im Jahr 1887: «Die vernünftigste und normale Zeiteinteilung ist die, die ich im Moment befolge: Ein gesunder Mann braucht acht Stunden Schlaf, das lässt ihm sechzehn Stunden für andere Dinge. Zum Beispiel zuerst: von 6 bis 10 Uhr leichte körperliche Aufgaben wie einfaches Handwerk, Baden und Sport ohne aggressiven Charakter. Zweitens: von 10 bis 2 Uhr nachmittags geistige Arbeit wie Studieren und Schreiben. Drittens: von 2 bis 6 Uhr harte körperliche Arbeit wie Mähen oder Pflügen. Viertens: von 6 bis 10 Uhr gesellschaftliche Unterhaltung, Musik, Schachspiel u. Ä.»

Möglicherweise führte gerade das Scheitern des eigenen Studiums dem jungen Tolstoi die Wichtigkeit einer öffentlichen Bildung vor Augen. Im Herbst 1849 gründete er in Jasnaja Poljana die erste Dorfschule, die jedoch bald wieder ihren Betrieb einstellte, weil Tolstoi in den Kaukasus abreiste und am Krimkrieg teilnahm.

Erst 1859 gründete Tolstoi eine zweite Schule, der er sich mit großem Enthusiasmus widmete. Im Juli 1860 brach er zu einer ausgedehnten Reise durch Deutschland, Frankreich und England auf, um die dortigen Schulsysteme zu studieren. Nach dem Besuch einer Schule in Kissingen notierte er am 17. Juli 1860 in seinem Tagebuch: «Schrecklich. Ein Gebet für den König, Schläge, alles auswendig, eingeschüchterte, ausgemergelte Kinder.» Ebenfalls schockiert zeigte sich Tolstoi von den Waisenhäusern in Marseille, in denen ein Kasernengeist herrschte. Ein günstigeres Bild erhielt er von den englischen Privatschulen, die von mehr Respekt vor den Schülern geprägt waren.

Tolstoi richtete sein eigenes pädagogisches Programm ganz nach rationalen Grundsätzen aus, die er im Wesentlichen aus Rousseaus Erziehungsroman *Émile* übernahm. Bereits als Teenager hatte Tolstoi den ganzen Rousseau verschlungen. In einem Brief vom 25. Oktober 1891 listete er jene literarischen Werke auf, die ihn in seiner Jugend am meisten geprägt hatten. Das Prädikat eines «gewaltigen Einflusses» erhielten neben Rousseaus *Bekenntnissen* und *Émile* nur noch die Bergpredigt aus dem Matthäusevangelium, Gogols Erzählung «Der Wij» und Dickens' Roman *David Copperfield*. 1901 bekannte er gegenüber dem Pariser Slawisten Paul Boyer: «Ich trieb einen Kult mit Rousseau. Ich trug sein Porträt in einem Medaillon um den Hals wie ein Heiligenbild.»

Tolstoi folgte Rousseau in der Favorisierung einer «negativen Erziehung»: Das Kind sollte nicht in die Gesellschaft integriert werden, sondern gerade vor den depravierenden Einflüssen der Zivilisation geschützt werden. Für Tolstoi und für Rousseau war das Kind ein autonomes Wesen, das als kleiner Erwachsener zu behandeln war. Tolstois Rousseau geschuldete Grundannahme bestand darin, dass das «allgemeine ewige Gesetz in der Seele jedes Menschen» eingeschrieben war.

In seinem Bericht über «Die Schule von Jasnaja Poljana im November und Dezember des Jahres 1862» schrieb Tolstoi: «Die Schüler sind Menschen – zwar kleinere als wir, aber doch Menschen mit denselben Bedürfnissen, und sie denken nach denselben Regeln wie wir; sie wollen alle lernen, und nur deshalb gehen sie in die Schule; daher werden sie auch sehr leicht zur Erkenntnis kommen, dass man sich bestimmten Bedingungen fügen muss, wenn man lernen will. Aber mehr noch – sie sind nicht nur Menschen, sondern eine Gemeinschaft von Menschen, die durch einen Gedanken vereint sind.»

Tolstois Pädagogik setzte ganz auf Zwangsfreiheit, Flexibilität und Respekt vor der Würde der Kinder. Strafen wurden abgeschafft. In seiner Schule gab es keinen festen Stundenplan, keine festen Schulzeiten und keine Zensuren. Der Unterricht fand nur im Winter statt, im Sommer halfen die Bauernkinder bei den Feldarbeiten. Etwa dreißig Kinder besuchten die Schule regelmäßig, dazu kamen drei bis vier Erwachsene, die zeitweise am Unterricht teilnahmen.

Es wäre allerdings falsch zu glauben, dass Tolstoi seine Schule völlig anarchisch konzipiert hätte. Die Disziplin wurde durch Appelle an die freie Selbstverantwortung der Schüler aufrechterhalten; außerdem wollte Tolstoi Liebe, die er ja später direkt mit Gott identifizierte, als wichtigstes pädagogisches Regulierungsprinzip in Kraft setzen. Im Traktat «Der Fortschritt und die Definition der Bildung» (1863) schrieb Tolstoi: «In allen Schulen, die nach den Überzeugungen der Schule in Jasnaja Poljana gegründet wurden, geschah dasselbe: Der Lehrer verliebte sich in seine Schule; und ich bin sicher, dass derselbe Lehrer, auch unter den besten Bedingungen, sich nicht in eine Schule verlieben könnte, in der die Kinder in Bänken sitzen, von Klingelzeichen gesteuert werden und an Samstagen geprügelt werden.»

Später mochte sich Tolstoi nicht mehr mit theoretischen Traktaten begnügen, sondern verfasste Fibeln und Schulbücher. Dabei insistierte er auf dem Primat der Schrift. Er lehnte die aus dem Deutschen übernommene sogenannte Lautiermethode ab, bei der die Schüler erst die Sprachlaute und erst in einem zweiten Schritt die dazugehörigen Buchstaben lernen mussten. Er plädierte für die Buchstabiermethode, die 1872 in Preußen abgeschafft worden war. Diese Wahl war durchaus typisch für Tolstois Schriftverständnis: Für ihn hatte der Buchstabe Vorrang vor seiner lautlichen Realisierung, die ihm als unzuverlässig und flüchtig galt. Ähnlich baute Tolstoi auch seinen Mathematikunterricht auf. Er führte nicht gleich das Dezimalsystem ein, sondern rechnete zuerst mit binären und anderen beschränkten Zahlensystemen, um den arbiträren Charakter des Dezimalsystems vorzuführen.

Wie wichtig die pädagogische Arbeit für Tolstoi war, zeigt ein Brief vom 12. Januar 1878: «In den letzten Jahren habe ich an einer Fibel gearbeitet, die ich veröffentlichen will. Es fällt mir schwer zu sagen, was diese sehr langwierige Arbeit für mich bedeutet. Mein stolzer Traum besteht darin, dass mit dieser Fibel zwei Generationen russischer Kinder, angefangen bei den Zarenkindern bis hin zu den Bauernkindern, also alle, lesen lernen und ihre ersten dichterischen Eindrücke gewinnen sollen. Nachdem diese Fibel nun fertig ist, kann ich beruhigt sterben.»

Die Fibel, die für wenige Kopeken verkauft wurde, hatte in der Tat einen großen Erfolg. Bis zum Ende des Jahrhunderts wurden etwa eine Million Exemplare davon gedruckt.

4. Expedition in den Kaukasus, Krimkrieg und Wende zum Pazifismus

In der russischen Kultur galt der Kaukasus zu Beginn des 19. Jahrhunderts als der romantische Raum schlechthin. Die Dichter Alexander Puschkin und Michail Lermontow bewunderten einerseits das authentische Leben der wilden Bergvölker, waren aber auch gleichzeitig von der zivilisatorischen Mission Russlands (mit all ihren militärischen Implikationen) überzeugt.

Auch Lew Tolstois frühe Kaukasusbegeisterung bewegte sich ganz in dieser romantischen Tradition. Nach dem gescheiterten Universitätsstudium gab sich Tolstoi in Moskau dem Spiel und den Frauen hin. Am 29. Dezember 1850 notierte er selbstkritisch in seinem Tagebuch: «Ich lebe ganz viehisch, obwohl ich nicht ganz vom rechten Weg abgekommen bin. Meine Beschäftigungen habe ich fast ganz aufgegeben und bin sehr niedergeschlagen.»

Ende April reiste Tolstoi mit seinem Bruder in den Kaukasus – als Folge eines «coup de tête», wie er in einem Brief vom 12. November 1851 bekannte. Tolstoi nahm als Freiwilliger an einem Angriff auf die rebellischen Tschetschenen teil, bevor er um die reguläre Aufnahme in eine Artillerieeinheit bat. Der Eintritt in den Militärdienst bedeutete für Tolstoi eine Erleichterung: In einem Brief vom 28. Dezember hatte er sein ausschweifendes Leben als fatale Folge eines «Übermaßes an Freiheit» gedeutet.

Tolstoi schrieb im Kaukasus seinen autobiographischen Roman *Kindheit*, arbeitete aber auch gleichzeitig an Erzählungen, in denen er seine Militärerlebnisse literarisch verarbeitete. Mit dem Eingangssatz zur Erzählung «Der Überfall» (1852) legte er programmatisch sein Erkenntnisinteresse fest, das auch noch für die detaillierten Schlachtenschilderungen aus *Krieg und Frieden* (1868) gilt: «Der Krieg hat mich immer interessiert. Krieg nicht im Sinne der Kombinationen großer Feldherren – meine Phantasie weigerte sich stets, solchen großen Unternehmungen zu folgen; ich verstand sie nicht. Mich interessierte die Tatsache des Krieges an sich, das gegenseitige Töten. Es interessiert mich mehr, wie und von welchen Gefühlen getrieben ein Soldat den anderen tötet, als wie die Armeen bei Austerlitz oder Borodino verteilt waren.» Tolstoi präsentiert dem Leser eine Momentaufnahme des russischen Militärlebens im Kaukasus. Bereits in dieser frühen Erzählung zeigt sich Tolstois literarische Modernität: Die Handlung ist nicht das Ziel des Texts, sondern nur das Gerüst, das die eigentliche künstlerische Analyse trägt, nämlich eine Anatomie des Todes im Krieg. «Der Überfall» schildert das Sterben eines jungen Offiziers sowohl aus einer Innen- wie auch aus einer Außenperspektive: Der Verwundete selbst fügt sich in sein Schicksal und regelt kurz vor seinem Tod noch eine kleine Spielschuld. Gerade durch seine Belanglosigkeit bietet dieses Problem dem verzweifelten Sterbenden eine tröstende Zuflucht. Ähnliches gilt für die Umstehenden: Der Kommandant, die Kameraden und der Arzt sprechen zu dem Sterbenden wie zu einem Kind, das sich ein Knie aufgeschlagen hat. Tolstoi präsentiert den Tod hier als unergründliches Mysterium, dem er sich nur über das menschliche Bewusstsein anzunähern vermag.

«Der Überfall» kommt noch ganz ohne die Verdammung des Krieges aus, die den späten Tolstoi auszeichnet. Im Gegenteil – eine zentrale Passage dient ganz offensichtlich der Legitimation des russischen Kaukasusfeldzugs: «Wer kann daran zweifeln, dass in dem Krieg der Russen mit den Bergbewohnern das

Recht, das sich durch den Selbsterhaltungstrieb begründet, auf unserer Seite ist? Wäre dieser Krieg nicht, wodurch wären dann die angrenzenden reichen, kultivierten Gebiete gegen Überfälle, Plündereien und Mordbrennereien wilder, kriegerischer Völker gesichert?» Allerdings fällt sich der Erzähler gleich selbst ins Wort und verweist durch einen Perspektivwechsel auf den Selbsterhaltungstrieb der Kaukasusbewohner, die sich vor den anrückenden Russen schützen. Freilich fehlt dieser Abschnitt aus Zensurgründen in der Erstveröffentlichung. Erst viel später wird Tolstoi die radikale Konsequenz aus diesem Befund ziehen und den Russen jedes Recht auf militärisches Eingreifen im Kaukasus absprechen.

Am 23. Dezember 1851 fällt in einem Brief zum ersten Mal der Name Hadschi Murat, der in Tolstois später Erzählung aus dem Jahr 1904 als strahlender Titelheld auftritt. Der ehemalige Gefolgsmann des Rebellenführers Schamil lebt ganz in seiner Religion und ist nicht von der depravierten Hofgesellschaft verdorben. Tolstoi baut seine Erzählung auf dem Gegensatz zwischen russischer und kaukasischer Gesellschaftsordnung auf. Er unterläuft das gängige Klischee des wilden Tschetschenien, indem er die Gräueltaten der russischen Armee bei einem Angriff in aller Drastik aus der Perspektive der Opfer schildert: «Der hübsche Knabe mit den blitzenden Augen, der so begeistert auf Hadschi Murat geschaut hatte, war auf einem mit einer Burka bedeckten Pferd tot zu der Moschee gebracht worden. Er war durch einen Bajonettstich in den Rücken getötet worden. Die Mutter stand jetzt im zerrissenen Hemd, das ihre welken Brüste den Blicken preisgab, mit zerrauftem Haar über der Leiche ihres Sohns, kratzte sich vor Schmerz das Gesicht blutig und wehklagte voller Verzweiflung. Der alte Großvater saß da, an die Wand der eingestürzten Hütte gelehnt, schnitzte mechanisch an einem Stecken und starrte stumpf vor sich hin. Er war soeben erst aus seinem Bienengarten herübergekommen. Die beiden Heuschober, die sich dort befunden hatten, waren verbrannt, die Aprikosen- und Kirschbäume, die er selbst gepflanzt und gehegt hatte, waren zerbrochen und halb verkohlt, und vor allem waren die Bienenstöcke samt den Bienen verbrannt. In das Wehklagen der Weiber klang das Angstgeschrei der Kinder hinein, und das hungrige Vieh, für das es kein Futter gab, brüllte dazwischen. Der Dorfbrunnen war, offenbar vorsätzlich, verdreckt worden, sodass man kein Wasser daraus nehmen konnte. Auch die Moschee war in gleicher Weise verdreckt, und der Mullah musste sie mithilfe der Moscheediener erst wieder säubern. Über Hass auf die Russen sprach niemand. Das Gefühl, das alle Tschetschenen, von klein bis groß, durchlebten, war stärker als der Hass. Sie sagten sich, dass diese russischen Hunde keine Menschen seien, und ein solcher Abscheu und Ekel, ein solches Erstaunen über die sinnlose Grausamkeit dieser Kreaturen ergriff sie, dass der Wunsch, sie auszutilgen, wie man Ratten, giftige Spinnen und Wölfe austilgt, ebenso natürlich erschien wie der Trieb der Selbsterhaltung.»

Die wahren Barbaren sind also nicht die kaukasischen Bergvölker, sondern die Russen. Diese These ist nicht auf die religiöse Krise Tolstois zurückzuführen. Bereits in einem Entwurf zur Erzählung «Die Kosaken» aus dem Jahr 1858 findet sich genau derselbe Gedanke. Der Protagonist analysiert in Petersburg seine Umwelt und kommt zu einer vernichtenden Diagnose: «Er fand heraus, dass unsere ganze Staatsordnung Unsinn ist, dass die Religion Wahnsinn ist, dass die Wissenschaft, wie sie an der Universität unterrichtet wird, Schwachsinn ist, dass die Mächtigen dieser Welt mehrheitlich Idioten oder Schurken sind, obwohl sie Herrscher sind. Dass die Adelswelt eine Versammlung von Schuften und sittenlosen Weibern ist und dass alle Menschen dumm und schlecht sind.» Der Kaukasus wird bereits hier als positive Gegenwelt zu den Zumutungen der Zivilisation konstruiert. Tolstoi baut auch bereits in die «Kosaken» ein Erweckungserlebnis des Protagonisten ein, wie es vor allem später in seinen großen Romanepen handlungsbildend wird. Auf der Jagd nach einem Hirsch erfährt Olenin die Natur in ihrer ganzen Intensität und findet letztlich nicht seine Beute, sondern sich selbst – der Familienname Olenin ist vom russischen Wort für «Hirsch» abgeleitet: «Als er wieder auf die Lichtung hinauskam, sah er sich um: Die Sonne war zwischen den Baumwipfeln verschwunden, es war kühler geworden, und die

Gegend kam ihm ganz fremd vor und von der Umgebung der Kosakensiedlung ganz verschieden. Alles hatte sich mit einem Mal verändert: das Wetter, der Charakter des Waldes; der Himmel war mit Wolken bedeckt, rundherum sah man nur Schilf und uralten Wald, in dem schon viel gebrochen war. Er rief seinen Hund, der irgendeinem Wild nachgelaufen war, und seine Stimme klang seltsam wider in der Einsamkeit. Und plötzlich ergriff ihn ein unheimliches Gefühl. Er hatte Furcht.» Olenin dringt also beim Grübeln über den Sinn seines Lebens in eine primordiale Welt vor, in der seine philosophische Arbeit nicht von den Konventionen des Gesellschaftslebens zugedeckt wird, sondern nur auf die nackte Existenz des Ich stößt. Letztlich erfährt Olenin hier das absolute Sinnvakuum des menschlichen Daseins, in dem das suchende Bewusstsein immer auf sich selbst zurückgeworfen wird.

Gerade der Krieg bringt den Menschen immer wieder in Grenzsituationen. Tolstoi hat in seinen *Sewastopoler Erzählungen* aus dem Krimkrieg (1853–1856) präzise herausgearbeitet, wie die ständige Lebensgefahr im Krieg eigentlich nur eine extreme Form der Conditio humana überhaupt darstellt: Jeder Mensch ist auf Schritt und Tritt vom Tod bedroht, ignoriert aber in seiner Lebenspraxis in der Regel dieses Damoklesschwert. Nur in seltenen Fällen wird sich der Mensch der Tatsache bewusst, dass er am Rande eines Abgrundes tanzt. In der Erzählung «Sewastopol im Dezember» setzt Tolstoi konsequent die Wir-Form ein, um die Identifikation des Lesers mit den Helden zu steigern: «Das nahe Pfeifen einer Kanonenkugel oder einer Bombe berührt uns unliebsam, während wir den Berg hinaufsteigen. Wir begreifen plötzlich, und zwar ganz anders, als es früher der Fall war, was jene Detonationen zu bedeuten haben, die wir in der Stadt gehört haben. Irgendeine still-freudige Erinnerung blitzt plötzlich in unserer Phantasie auf; unsere eigene Person beginnt uns mehr zu beschäftigen als die Beobachtungen: Die Aufmerksamkeit für alles, was uns umgibt, lässt nach, und ein unangenehmes Gefühl der Unentschlossenheit bemächtigt sich unser.» Der Krieg wird zur Metapher des Lebens – entsprechend fatalistisch nehmen die Offiziere auch ihren eigenen Tod in Kauf. In der Erzählung «Sewastopol im August» führt der Leutnant Koselzow seine Soldaten mit einem Schlachtruf in den Kampf: «Seine Stimme war laut und klangvoll: Sie feuerte ihn selbst an. Die Kugeln sausten buchstäblich wie Hagel auf ihn hernieder. Zwei trafen ihn, aber er hatte keine Zeit zu entscheiden, wohin sie ihn getroffen und was sie angerichtet – ob sie ihn gestreift oder verwundet hatten. Koselzow war überzeugt, dass er fallen würde, und gerade das verlieh ihm Tapferkeit. Er lief vorwärts. Als er bis zum äußeren Graben gelangt war, verschwamm alles vor seinen Augen, und er verspürte einen Schmerz in der Brust.» Koselzow stirbt einen sinnlosen Tod, weil Sewastopol bereits gefallen ist. Tolstois Sewastopol-Erzählungen sind insgesamt auf einen antiheroischen Ton gestimmt. Es gibt keine heldenhaften Zweikämpfe, sondern nur dumpfes Morden. Ebenso wird auch das Lazarett in all seiner körperlichen Drastik beschrieben. Trotzdem endet auch «Sewastopol im August» auf einer nationalistischen Note: «Fast jeder Soldat, der von der Nordseite auf das verlassene Sewastopol hinüberblickte, seufzte mit unaussprechlicher Bitternis im Herzen und hob die Faust drohend gegen den Feind.»

In der Tat hatte Tolstoi selbst auf der Krim als glühender Patriot gegen die Alliierten gekämpft. Er stand ganz auf der Seite Russlands und wollte allen Gefallenen den Status von Märtyrern zugestehen. In einem Brief vom 4. September 1855 berichtete er seiner Tante Tatjana Jergolskaja, dass er geweint habe, als die Franzosen auf den russischen Bastionen ihre Fahne hissten.

Erst zehn Jahre später, während der Arbeit an *Krieg und Frieden*, geriet Tolstois Parteinahme für Russland ins Wanken. Zunächst wollte Tolstoi ein Epos über die Nationwerdung Russlands verfassen. Als er zu Beginn des Jahres 1865 seinem Verleger Katkow das erste Kapitel zur Veröffentlichung in einer Literaturzeitschrift schickte, bat er ihn mit Nachdruck, das Werk im Untertitel nicht als «Roman» zu bezeichnen. Wenig später notierte er in seinem Tagebuch, er wolle eine «große Sache» über Napoleons Russlandfeldzug schreiben. Entstehen sollte ein «Sittengemälde, das auf historischen Ereignissen beruht». Keinen Zweifel aufkommen lassen mochte Tolstoi am weltliterarischen Rang seines Projekts: Er stellte das entstehende Werk in eine Reihe mit der *Odyssee* und der *Ilias*. Ursprünglich war sogar eine Trilogie geplant: Nach der Schilderung der Napoleonischen Kriege hätten Darstellungen des Dekabristenaufstandes 1825 und der Bauernbefreiung 1861 folgen sollen. Obwohl Tolstoi mit *Krieg und Frieden* nur den ersten Teil dieses monumentalen Projekts ausgeführt hat, ist der prätentiöse Vergleich mit den antiken Epen gerechtfertigt: Nicht die psychologisch gezeichnete Entwicklung eines Helden steht im Vordergrund von Tolstois erzählerischem Interesse, sondern die historische Bedingtheit Russlands, der sich alle individuellen Biographien unterordnen müssen. Hier liegt der philosophische Kern von Tolstois Entwurf: Der Mensch muss auf der Weltbühne des historischen Geschehens das Dirigentenpult verlassen und im Zuschauersaal Platz nehmen.

Tolstoi hat indes für seine im Grunde genommen anachronistische Renaissance des epischen Genres ein Thema ausgewählt, das auf den ersten Blick eine solch schicksalhaft-elementare Geschichtsauffassung ad absurdum zu führen scheint: Napoleon. Gerade der «korsische Emporkömmling» wird aber im epischen Wahrheitsentwurf von *Krieg und Frieden* zum stärksten Argument für die Ohnmacht des Einzelnen im gewaltigen Strom der Geschichte. Tolstoi lässt kaum eine Gelegenheit aus, um den französischen Usurpator als Mann von «beschränktem Verstand», als skrupellosen Henker und als eingebildeten Hochstapler zu diffamieren. Wie die Sewastopoler Erzählungen ist *Krieg und Frieden* zunächst von einer patriotischen, ja durchaus nationalistischen Grundstimmung getragen. Das beginnt bei den Schlachtschilderungen, in denen die russischen Truppen immer als «unsere» bezeichnet werden, und endet bei der Gegenüberstellung des schwer verwundeten Andrei Bolkonski mit Napoleon bei Austerlitz: Während der Russe in einer metaphysischen Grenzerfahrung den hohen Himmel erkennt, spaziert Bonaparte über das leichenübersäte Kampffeld und bemerkt beim Anblick Bolkonskis: «Voilà une belle mort!»

In diesem kurzen Satz ist Tolstois ganze Kritik an Napoleon in gedrängter Form enthalten: Tolstoi bekämpft in Napoleon den Politiker-Dramaturgen, dem die Weltgeschichte nur als Bühne für seine persönlichen Ambitionen und militärischen Projekte dient. Dabei bleibt der Imperator zwangsläufig blind für das Unheil und Leid, das er über die Menschheit bringt. Er sublimiert seine eigene Schuld am blutigen Krieg in der anerkennenden Feststellung, dieser russische Offizier habe einen «schönen» Tod erlitten. Die Moral wird vollständig von der Ästhetik verdrängt – Napoleon ist letztlich ein Künstler, dem es nur um den schönen Schein geht. In einem ganz anderen Licht präsentiert Tolstoi den jungen Zaren Alexander I., der angesichts der Kriegsgräuel in Tränen ausbricht und damit seine Fähigkeit zu christlichem Mitleiden unter Beweis stellt.

Das wechselnde Kriegsglück der Russen und der Franzosen spiegelt sich in den spannungsreichen Familienporträts, die Tolstoi geschickt in seine historisch genau recherchierte Epochendarstellung eingearbeitet hat. Auch hier macht sich der epische Weitwinkel bemerkbar: Die entscheidenden Akteure sind wie bei Homer nicht individuelle Figuren, sondern ganze Clans. Die verwöhnten Kuragins, die asketischen Bolkonskis und die naturverbundenen Rostows markieren gewissermaßen soziale Biotope, die den Charakter der einzelnen Familienmitglieder entscheidend prägen. Tolstois narratives Experiment besteht nun darin, dass er die verschiedenen Vorstellungswelten seiner Familien durch Liebesaffären und Hochzeiten miteinander konfrontiert und genau beobachtet, wo sich Harmonien herausbilden und wo es zu Konflikten kommt. Es geht Tolstoi auch um den Nachweis eines einheitlichen russischen Nationalcharakters, der sich gleichermaßen im «comme il faut» der höheren Gesellschaft, im Hasardspiel der gelangweilten Offiziere und im unbekümmerten Landleben des Provinzadels äußert. Nicht zuletzt glaubt Tolstoi an die Verwurzelung des Volks in der russischen Erde. Der Schilderung der entscheidenden Schlacht bei Borodino misst er solche Wichtigkeit bei, dass er im September 1867 selbst dorthin reist, um sich mit dem Gelände vertraut zu machen. Auch in *Krieg und Frieden* setzt Tolstoi bei der Schilderung der Kämpfe jenen antiheroischen Ton ein, der bereits die früheren Kriegserzählungen ausgezeichnet hatte: Eine besondere militärische Strategie ist nicht zu beobachten, geschweige denn durchzusetzen. Die Heere prallen aufeinander, der Einzelne bleibt im Getümmel orientierungslos sich selbst überlassen.

In der Urfassung stellt die Opposition «Krieg» – «Frieden» noch nicht den dominanten Gegensatz dar. Das russische Wort «mir» weist nämlich grundsätzlich zwei Bedeutungen auf: «Frieden» und «Gemeinschaft», genauer «nationale Gemeinschaft». Vor der Rechtschreibreform des Jahres 1918 wurden die beiden Wörter auch orthographisch unterschieden. Interessant ist nun, dass Tolstoi im März 1867, also kurz nach Abschluss der Urfassung, seinem Werk mit der entsprechenden Schreibung von «mir» einen Titel gab, den man mit «Krieg und Nation» übersetzen könnte. Damit wäre ein entscheidender Hinweis auf die Grundkonzeption gewonnen: Die russische Gesellschaft wird sich ihres eigenen Wesens erst in der Konfrontation mit dem verderblichen ästhetischen Prinzip des Westens bewusst, das seine gefährlichste Verkörperung in Napoleon gefunden hat.

Deshalb endet *Krieg und Frieden* in der ersten Fassung mit einem Happy End. Die patriotische Begeisterung, die dem jungen Petja in der endgültigen Version zum Verhängnis wird (die französischen Besatzer erschießen ihn während eines Partisanenangriffs), erscheint in der Urfassung ohne Einschränkung als kraftspendendes Lebensprinzip. Ähnliches gilt für Fürst Andrei, der immer wieder den übermäßigen Einfluss deutscher Generale in der russischen Armee kritisiert und den nationalen Kampfgeist verkörpert: Die Urfassung entlässt Andrei Bolkonski in eine blendende militärische Karriere und legt damit das künftige Schicksal Russlands in seine fähigen Hände.

Tolstoi scheint aber mit dieser einfachen Lösung bald unzufrieden gewesen zu sein. Indem er seine beiden nationalen Sympathieträger in der Endfassung sterben lässt, verabschiedet er sich von seiner ursprünglichen Zuversicht. Das beschauliche, aber durchaus auch biedere Familienleben von Natascha und Pierre wird nun zur Signatur eines russischen Ideals, das allerdings wesentlich tiefer hängt als die allgemeine Euphorie über die Vertreibung Napoleons am Ende der Urfassung. Der endgültige Text lenkt den Blick weg vom Triumph der russischen Nation über Napoleon und richtet ihn auf die maßvolle Beschränkung des menschlichen Glücks, das sich über die Zufälligkeiten der Weltgeschichte erhebt. Dieser Unterschied drückt sich sinnfällig in den jeweiligen Schlussszenen der beiden Fassungen aus: Die tosenden Hurrarufe Hunderttausender von Soldaten werden abgelöst durch das verzagte Schreien eines Säuglings.

5. Tolstois Ablehnung des Staates und seine Korrespondenz mit den Zaren

Am 20. Februar 1895 notierte Tolstoi in seinem Tagebuch: «Wir sind so weit gekommen, dass ein Mensch, der einfach gut ist und vernünftig denkt, nicht Mitglied eines Staates sein kann, d. h. sich solidarisch mit ihm erklären kann. Ich spreche nicht über unser Russland, sondern über England mit seinen Großgrundbesitzern, der Ausbeutung durch die Fabrikdirektoren, Kapitalisten, mit den Verhältnissen in Indien – den Auspeitschungen, dem Opiumhandel, der Vernichtung von Stammesvölkern in Afrika, der Vorbereitung und Durchführung von Kriegen.» Nicht immer hatte Tolstoi den Staat so klar abgelehnt. Als Offizier war er ein loyaler Untertan des Zaren gewesen und hatte auch die russische Expansionspolitik unterstützt. Radikal änderte sich diese Haltung im Sommer 1862, als das Landgut Jasnaja Poljana während Tolstois Abwesenheit im Rahmen einer Polizeirazzia durchsucht wurde. Der Graf war ins Visier der Behörden geraten, weil er im Februar 1861 den Freidenker Alexander Herzen (1812–1870) besucht hatte. Herzen betrieb in London eine russische Druckerei, wo er von 1857 bis 1867 die äußerst regierungskritische Zeitung «Die Glocke» herausgab. Die Beamten suchten bei Tolstoi nach verbotenen Schriften, einem Telegraphen oder Druckutensilien. Außerdem überprüften sie Tolstois Tagebücher und seine Privatkorrespondenz. Der aufgebrachte Hausherr schimpfte in einem Brief vom

22. Juli 1862, dass die bisher dominierende Gleichgültigkeit in seiner Einstellung zur Regierung von «Zorn und Ekel, fast Hass» abgelöst worden sei. Tolstoi war dermaßen erbost, dass er in einem Brief vom 7. August sogar die Emigration ins Ausland erwog. Überdies sandte er dem Zaren am 22. August ein geharnischtes Schreiben, in dem er ihn aufforderte, sich von der Hausdurchsuchung zu distanzieren und die Verantwortlichen zu bestrafen. Alexander II. zeigte sich jedoch von dem Protest wenig beeindruckt und ließ Tolstoi durch den Gouverneur in Tula ausrichten, dass die «erwähnte Maßnahme für den Grafen Tolstoi eigentlich keine Konsequenzen gehabt habe» und seine Reklamation mithin gegenstandslos sei.

Erneut nachhaltig beschädigt wurde Tolstois Verhältnis zu den staatlichen Institutionen durch die Affäre Schabunin, die er noch im hohen Alter lebendig in Erinnerung hatte. Am 24. Mai 1908 schilderte er seinem Biographen Pawel Birjukow in einem langen Brief diesen Vorfall, der für ihn viel wichtiger gewesen sei als andere scheinbar lange nachwirkende Lebensereignisse wie «Verlust oder Anwachsen des Vermögens, Erfolg oder Misserfolg in der Literatur, sogar der Verlust von nahen Menschen».

Der Kompanieschreiber Wassili Schabunin hatte am 6. Juni 1866 seinen Hauptmann ins Gesicht geschlagen, weil dieser ihn wegen Trunkenheit im Dienst mit Karzer und Peitschenhieben bestrafen wollte. Schabunin wurde sofort verhaftet und erklärte dem Untersuchungsrichter sein Verhalten damit, dass der Hauptmann ihn dauernd schikaniert habe. Außerdem sei ihm die polnische Nationalität des Kommandanten verhasst gewesen (der polnische Januaraufstand gegen die russischen Besatzer war erst gut zwei Jahre zuvor niedergeschlagen worden und hatte in Russland eine Welle des Patriotismus ausgelöst). Schabunins Kompanie war unweit von Jasnaja Poljana stationiert. Tolstoi, der von dem Vorfall gehört hatte, bot sich an, vor dem Militärgericht die Verteidigung des Soldaten zu übernehmen. Weil auf Schabunins Vergehen im russischen Militärgesetz die Todesstrafe stand, blieb für Tolstoi nur ein Ausweg: Er musste dem Gericht glaubhaft machen, dass Schabunin psychisch krank und deshalb unzurechnungsfähig sei. In einem Gespräch mit seinem Leibarzt Dušan Makovický am 8. Juni 1905 erinnerte sich Tolstoi, dass er während seines Plädoyers in Tränen ausbrach. Allerdings folgte nur einer der drei Richter der Argumentation des Verteidigers. Schabunin wurde zum Tode verurteilt. Tolstoi unternahm noch einen letzten Rettungsversuch, indem er ein Gnadengesuch an den Kriegsminister und an den Zaren schickte. Dieses Unterfangen blieb jedoch ohne Erfolg – Schabunin wurde am 9. August erschossen. Das tragische Ende dieser Affäre bestätigte Tolstoi einmal mehr in seiner Ablehnung der Staatsmaschinerie.

In diese Zeit fällt auch das Projekt einer «Gesellschaft der Unabhängigen», deren Statuten Tolstoi im Jahr 1868 auf einem Stück Makulatur notierte. Nur wer «weder Rang noch Auszeichnungen, noch Geld von der Regierung» annehme, könne Mitglied werden. Ansatzweise lässt sich hier eine Keimzelle von Tolstois Verbrüderungsprojekt erkennen: Alle Mitglieder duzen sich und teilen dieselben Werte eines einfachen, solidarischen Landlebens. Interessanterweise verbot Tolstoi explizit jede politische Betätigung der Mitglieder, insbesondere auch die Agitation gegen die Regierung. Hier deutet sich bereits Tolstois spezifische Form des Anarchismus an: Er lehnte zwar jede staatliche Zwangsordnung ab, gleichzeitig sprach er sich aber auch in aller Deutlichkeit gegen das gewaltsame Abwerfen dieses Jochs aus. Der Widerstand gegen den Staat durfte nicht selbst zu einem politischen Programm werden. Dieses Projekt, das nie auch nur ansatzweise realisiert wurde, weist auch noch ein patriotisches Relikt aus Tolstois eigenem Militärdienst auf: Zwar verbieten die Statuten jeglichen Staatsdienst, nehmen aber die Verteidigung Russlands an der Front davon aus. In dieser Bestimmung zeigt sich deutlich, dass Tolstoi den Staat vom Vaterland trennte und zunächst nur die Regierung mit ihren Institutionen ablehnte. Erst später geriet auch die Vaterlandsliebe in Tolstois Visier. So schrieb er im Artikel «Patriotismus und Frieden» aus dem Jahr 1896: «Patriotismus kann nicht gut sein. Warum sagen die Leute nicht, der Egoismus könne gut sein, obwohl das viel näherliegen würde, denn der Egoismus ist ein natürliches Gefühl, mit dem der Mensch geboren wird, während der Patriotismus ein unnatürliches Gefühl ist, das ihm künstlich aufgepfropft wurde.» Und im feurigen Pamphlet «Patriotismus und Regierung» aus dem Jahr 1900 dehnte er seine Kritik am Staat auch auf das nationale Gemeinschaftsgefühl aus: «Alle Staatslenker verletzten und verletzen gegenüber den unterworfenen Völkern und unter sich nicht nur auf eklatante Weise die elementarsten Forderungen der Gerechtigkeit, sondern verübten und verüben alle möglichen Arten von Betrug, Niederträchtigkeit, Bestechung, Täuschung, Spionage, Raub, Mord, und die Völker waren und sind darüber nicht nur nicht traurig, sondern freuen sich darüber, dass nicht andere Staaten, sondern ihr eigener Staat diese Verbrechen verübt.»

Gegen staatliche Willkür brachte Tolstoi immer wieder die Selbstverantwortung des Einzelnen ins Spiel. Geradezu allergisch reagierte er auf Übergriffe der Staatsgewalt auf seine Bewegungsfreiheit. So wurde er im Spätsommer 1872 vom Untersuchungsrichter verpflichtet, sein Gut nicht zu verlassen, bis der Unfall eines Hirten geklärt sei, der von einem jungen Stier zu Tode gestoßen worden war. Wie schon dreizehn Jahre zuvor zog Tolstoi in einem Brief vom 15. September sogar eine Emigration nach England in Betracht, «für immer oder bis dann, wenn bei uns die Freiheit und Würde jedes Menschen garantiert sind».

Konsequenterweise lehnte Tolstoi nach solchen Erfahrungen auch jede Tätigkeit für staatliche Institutionen ab: 1883 weigerte er sich etwa, als Geschworener an einer Gerichtsversammlung teilzunehmen. Einen der schärfsten Texte gegen die Staatsgewalt schrieb Tolstoi 1886 unter dem Titel «Nikolai Palkin» – gemeint ist Zar Nikolai I., der eigentlich «Nikolai Pawlowitsch» hieß, wegen seiner Obsession für Zucht und Ordnung aber im Volksmund «Palkin» (Prügler) genannt wurde. Tolstoi setzt hier einmal mehr seinen entlarvenden Sprachgestus ein: «Wenn wir nur aufhören, uns vom erfundenen staatlichen Nutzen und Segen blenden zu lassen, und auf das schauen, was allein zählt: das Wohl und das Elend der Menschenleben, dann wird uns alles klar. Wenn wir die Scheiterhaufen, Folterungen, Hinrichtungsplätze, Brandmarkungen, Rekrutenaushebungen bei ihren wirklichen Namen nennen, dann finden wir auch den wirklichen Namen für die Gefängnisse, Arbeitslager, die allgemeine Militärpflicht, Staatsanwälte, Polizisten.» Dieser aufrührerische Ton und die respektlose Überschrift schlossen selbstverständlich eine Publikation aus. Zwar nahm die Moskauer Polizei einen Studenten fest, der Tolstois Artikel vervielfältigt hatte, der Innenminister überzeugte den Zaren jedoch davon, dass die staatsfeindlichen Passagen in «Nikolai Palkin» dem «religiösen Fanatismus» des Autors zuzuschreiben und mithin nicht ernst zu nehmen seien.

Wenig später drohten Tolstoi indes ernste Repressionsmaßnahmen. Während der schlimmen Hungersnot der Jahre 1891–1892, die eine halbe Million Opfer forderte, hatte Tolstoi in scharfen Worten das russische Ständesystem angeklagt. Missernte und Hungersnot waren für Tolstoi nur Symptome für die ungerechte Verteilung des Wohlstands in Russland. In seinem Artikel «Über den Hunger» (1891) brachte er die Problematik auf eine kurze Formel: «Das Volk hungert, weil wir satt sind. Alle Paläste, Theater, Museen, all dieser Tand, alle diese Reichtümer – all dies wurde von dem hungernden Volk erarbeitet. Das Volk wird von uns immer am Hungern gehalten. Das ist unser Mittel, um es für uns arbeiten zu lassen.» Selbstverständlich wurde dieser Artikel sofort als «sozialistisch» gebrandmarkt und von der Zensur verboten. Tolstoi mobilisierte jedoch seine ausländischen Freunde – in erster Linie E. J. Dillon, den Russland-Korrespondenten des *Daily Telegraph*. Am 14. Januar 1892 erschien Tolstois Text unter dem Titel «Warum die russischen Bauern hungern» in der englischen Zeitung. Die Reaktion in Russland ließ nicht lange auf sich warten. Am 22. Januar druckten die konservativen *Moskauer Nachrichten* die schärfsten Passagen des Artikels in russischer Rückübersetzung und versahen sie mit spöttischen Kommentaren. Die Zeitung entfesselte eine regelrechte Hetzkampagne gegen Tolstoi und beschuldigte ihn, auf den gewaltsamen Umsturz der bestehenden Ordnung hinzuarbeiten. Die Affäre erregte schließlich auch die Aufmerksamkeit der Regierung. Der Innenminister entwarf sogar den Plan, Tolstoi in einem Kloster in Susdal einzusperren. Dabei sollte sein Schreiben minutiös überwacht werden: Neues Papier hätte er erst nach Rückgabe aller genau abgezählten beschriebenen Blätter erhalten. Zar Alexander III. widersetzte sich allerdings diesem Ansinnen mit den Worten: «Ich bitte euch, Tolstoi nicht anzurühren. Ich will ihn nicht zum Märtyrer machen und damit die allgemeine Unzufriedenheit auf mich ziehen. Wenn er schuldig ist, dann umso schlimmer für ihn.»

Trotz der stetigen Verschlechterung der gegenseitigen Beziehungen wandte sich Tolstoi wiederholt mit Petitionen an die Zaren. Dabei baute er den Monarchen oft eine goldene Brücke, erreichte aber in den seltensten Fällen etwas. So bat er etwa Nikolai II. in einem Brief vom 19. September 1897, einem Sektierer-Bauern seine Kinder wiederzugeben, die ihm die Polizei weggenommen hatte: «Man verbirgt vor Ihnen, was in Ihrem Namen geschieht. Deshalb bitte ich Eure Hoheit, eine Anstrengung zu machen und den Betrug zu zerstören, der Sie umgibt.» Drei Jahre später führte Tolstoi – wiederum in einer Fürsprache für eine unterdrückte Sekte – ein neues Argument ins Feld. Am 7. Dezember 1900 schrieb er: «Sie wissen, was in Ihrem Namen geschieht (Sie müssen es wissen; wenn Sie es nicht wissen, so beauftragen Sie einen rechtschaffenen Menschen mit einer Untersuchung, und er wird Ihnen meine Worte bestätigen). Im Wissen, dass Sie allem ein Ende setzen können, werden Sie keine Seelenruhe finden, bevor Sie nicht eingegriffen haben. Ihre Berater, genau jene Leute, die diese Unterdrückung organisiert und geleitet haben, werden Ihnen sagen, dass man nichts tun könne, dass ich ein Utopist, Anarchist, Gottloser sei und dass man nicht auf mich hören dürfe. Was ich sage, sage ich allerdings nicht von meinem Standpunkt aus, sondern ich stelle mich auf den Standpunkt einer vernünftigen und aufgeklärten Regierung. Und von diesem Standpunkt aus ist es schon längst bewiesen, dass jede religiöse Hetze nicht nur dem Prestige der Regierung schadet, sondern auch die Liebe des Volks zu den Regierenden beeinträchtigt. Deshalb verfehlen diese Maßnahmen nicht nur ihr Ziel, sondern bewirken genau das Gegenteil.»

Nach der Jahrhundertwende erfolgten Tolstois Interventionen immer häufiger. Unter dem Eindruck von Studentenunruhen, Terrorismus und sozialem Elend griff er wiederholt zur Feder und schickte dem Zaren lange Briefe, in denen er die Aufhebung des Landeigentums, die Abschaffung der Zensur, bessere Bildung für alle und Religionsfreiheit forderte. Dabei wechselte er zwischen den Genres: Am 15. März 1901 verfasste er einen offenen Brief «An den Zaren und seine Helfer»; am 15. Januar 1902 wandte er sich während einer schweren Krankheit in fast schon intimer Weise an den «geliebten Bruder»: «Diese Anrede erscheint mir am angemessensten, weil ich mich in diesem Brief an Sie nicht so sehr als Zar, sondern als Mensch und Bruder wende. Außerdem auch noch deshalb, weil ich Ihnen schon fast aus einer anderen Welt schreibe und den nahen Tod erwarte. Ich möchte nicht sterben, ohne Ihnen gesagt zu haben, was ich über Ihre aktuelle Tätigkeit denke und wie sie sein könnte, welch großen Segen sie Millionen von Menschen und Ihnen bringen könnte und welch großen Schaden sie den Menschen und Ihnen bringen kann, wenn sie so weitergeführt wird, wie sie jetzt betrieben wird.» Tolstoi forderte den Zaren auf, eine breite Diskussion über Privateigentum und Freiheit zu lancieren.

Nikolai II. hatte indes eine ganz andere Herrschaftskonzeption als Tolstoi. Er glaubte, dass Gott dem Zaren die souveräne Macht unmittelbar verliehen habe. Deshalb verfüge der Monarch gar nicht über das Recht, seine eigene Macht zu beschränken und freiwillig eine konstitutionelle Monarchie einzuführen. Eine solche Handlung käme einem Sakrileg gleich. Zu Beginn des 20. Jahrhunderts war ein solches Insistieren auf dem Gottesgnadentum der Autokratie freilich bereits ein Anachronismus.

Zur offenen Spaltung zwischen der russischen Gesellschaft und dem Zarenhof kam es im Jahr 1905. Am Petersburger Blutsonntag wurde eine friedliche Demonstration vor dem Winterpalast von der Armee blutig unterdrückt; mehrere Hundert Menschen kamen dabei ums Leben. Dieses Ereignis beschädigte auch in gemäßigten Kreisen die moralische Autorität des Zaren nachhaltig. Als Folge durchzog eine Streik- und Protestwelle das Land, die erst nach der Einführung von bürgerlichen Grundrechten und der Einrichtung der Duma verebbte. Allerdings handelte es sich bei den Neuerungen des Oktobermanifests von 1905 nur um eine Scheindemokratie: Der Zar löste das Parlament mehrfach auf und machte so eine kontinuierliche Gesetzgebungsarbeit unmöglich.

Auch die Revolution von 1905 und die Einsetzung der Duma änderten wenig an Tolstois grundsätzlicher Ablehnung aller Staatsstrukturen. Am 15. November 1905 ließ er in einer Diskussion, die von seinem Leibarzt Dušan Makovický aufgezeichnet wurde, kein gutes Haar an der repräsentativen Demokratie: «Delegierte sind Usurpatoren! Wenn Delegierte auch auf beste Art gewählt werden, sie können doch nie das Volk repräsentieren. Vielleicht gibt es unter hundert Wählern einundfünfzig Dumme und neunundvierzig Gescheite. Ein Mensch kann niemals den anderen vertreten. Vielleicht habe ich gestern so gedacht und denke heute anders; der Mensch ist in steter Entwicklung begriffen. Und darum ist die Repräsentanz eine Puppenkomödie. Mich über den Parlamentarismus zu befragen ist das Gleiche, wie wenn man nicht gerade den Papst, aber einen Mönch fragen wollte, wie die Prostitution zu regulieren sei.» Und im Jahr 1906 fügte Tolstoi seiner Demokratieskepsis im Gespräch mit dem amerikanischen Journalisten Stephan Bonsul noch ein nationales Argument hinzu: «Ich setze keine Hoffnungen auf diese Duma. Ich glaube überhaupt nicht an eine parlamentarische Regierung. Parlamentarismus bedeutet nur Heulen über alte Wehwehchen. Ich bin gegen die Duma, weil der Parlamentarismus nicht im Instinkt des russischen Volkes liegt.»

Kurz vor seinem Tod griff Tolstoi ein letztes Mal das Thema der zaristischen Herrschaft auf. Dabei skizzierte er einerseits die triste Erfahrung des 19. Jahrhunderts, entwarf aber gleichzeitig auch eine strahlende Vision, wie sich der ideale Herrscher zu verhalten habe. Bereits nahe an einer Karikatur bewegt sich Tolstois Charakterisierung des autoritären Zaren Nikolai I. in «Hadschi Murat» (1904): «Nikolai saß in einem schwarzen Uniformrock mit dünnen Achselschnüren ohne Epauletten am Tisch, beugte seine gewaltige Statur über dem prallen, eingezwängten Bauch zurück und sah die Eintretenden mit seinem leblosen Blick starr an. Das lange, weiße Gesicht mit der mächtigen, vorspringenden Stirn, die über dem glatt angekämmten Schläfenhaar hoch aufstieg und sich unter der an die Haarreste geschickt angepassten Perücke in einer Glatze fortsetzte, erschien heute ganz besonders kalt und unbeweglich. Seine auch sonst stets trüb blickenden Augen schauten heute noch trüber drein, und die unter dem spitz nach oben gedrehten Schnurrbart hervortretenden welken, alten Lippen, die durch den hohen Kragen festgehaltenen frisch rasierten, feisten Wangen mit den übrig gelassenen Backenbartstreifen und das in den Kragen eingezwängte Kinn verliehen seinem Gesicht den Ausdruck der Unzufriedenheit, ja des Zorns.» Der selbstverliebte Zar hält sich in Tolstois Erzählung für unersetzlich und bleibt in seiner Eitelkeit blind für die wahren Probleme Russlands.

Kurz nach der Niederschrift von «Hadschi Murat» wandte sich Tolstoi im Jahr 1905 einem neuen Stoff zu, der seine anarchistische Utopie auf eindringliche Weise zu verkörpern schien. Nach dem unerwarteten Tod des Zaren Alexander I. im Jahr 1825 verbreitete sich das Gerücht, dass er sein Ableben nur inszeniert habe, um als Einsiedler Fjodor Kusmitsch in Sibirien für seine Sünden zu büßen und ein gottgefälliges Leben zu führen. Tolstoi griff diese Legende auf, weil die freiwillige Selbstentmachtung des Herrschers im Zentrum seiner eigenen Lehre des Gewaltverzichts stand. Im Fragment «Nachgelassene Aufzeichnungen des Mönchs Fjodor Kusmitsch» (1906) erzählt Tolstoi aus der Perspektive Alexanders ein Erweckungserlebnis: Der Zar wohnt zum ersten Mal der Exekution eines Unteroffiziers durch Spießrutenlaufen bei. Aus Mitleid und Schuldgefühl denkt Alexander I., dass eigentlich er an der Stelle des Verurteilten stehen müsse. Dieser Gedanke wird in eigenartiger Weise umgesetzt: Der Zar täuscht eine schwere Krankheit vor und befiehlt dem zuständigen Militärarzt, den Leichnam des bestraften Soldaten als seinen eigenen auszugeben. Nach dieser Szene folgen die biographischen Aufzeichnungen des Einsiedlermonarchs. Der Mönch erinnert sich daran, welch verderbliche Erziehung er über sich ergehen lassen musste, und holt dabei zu einer umfassenden Gesellschaftskritik aus. Die Erinnerung des Icherzählers und Tolstois Ideologie verschmelzen zu einer einzigen Stimme, die mit allen ständischen Unterschieden abrechnet. Tolstoi spielte in den «Nachgelassenen Aufzeichnungen» bewusst seine höhere literarische Wahrheit gegen die krude Faktizität aus. Am 2. Januar 1907 schrieb er in einem Brief: «Auch wenn historisch bewiesen ist, dass Alexander und Kusmitsch zwei verschiedene Personen sind, bleibt doch die Legende in ihrer Schönheit und Wahrhaftigkeit.» In dieser literarischen Spekulation äußert sich ein weiteres Mal Tolstois geheime Identifikation mit dem weltlichen Herrscher: Der Schriftsteller und der Zar stehen sich in dieser Konzeption auf Augenhöhe gegenüber. Tolstoi ist dabei aus eigener Sicht im Vorteil, weil er im Besitz jener tieferen Wahrheit ist, die der Zar erst erkennen muss.

6. Horror vor dem Sterben, Kritik an der Todesstrafe und symbolischer Selbstmord

Tolstois Horror vor dem Tod war vielleicht die stärkste Antriebskraft für seine literarische und religiöse Sinnsuche. Viele seiner Texte können nachgerade als Beschwörung des Todes gelesen werden, der sich immer wieder mit seinen unheimlichen Ansprüchen in Erinnerung rief. Wie überfordert sich Tolstoi in solchen Situationen fühlte, zeigte sich deutlich in seiner Reaktion auf den Tod seiner Brüder. Dmitri starb 1856 in Orjol an der Schwindsucht. Tolstoi besuchte zwar seinen kranken Bruder, konnte den Anblick des Sterbenden aber nicht aushalten und reiste noch vor Dmitris Tod wieder ab. Auch Nikolai wurde ein Opfer der Tuberkulose. Tolstoi begleitete den todkranken Bruder nach Südfrankreich und blieb bis zuletzt bei ihm. In seinem Tagebuch notierte er am 13. Oktober 1860, dass der Tod seines Bruders Nikolai der stärkste Eindruck seines Lebens sei. Später ließ er von der Totenmaske eine Büste anfertigen, die er wahrscheinlich nicht nur als Erinnerung an den Bruder, sondern auch als allgemeines Memento mori in seinem Arbeitszimmer aufstellte. 1904 starb schließlich Sergei an Krebs. Tolstoi nahm auch von ihm persönlich Abschied, beklagte aber am 26. August in seinem Tagebuch, dass sein Bruder kein religiöses Bewusstsein für den geheimnisvollen Prozess des Sterbens habe.

Genau hier liegt Tolstois Grundfrage: Wie geht das menschliche Bewusstsein mit dem Tod um? Wie kann es dieser letzten Herausforderung begegnen, ohne darin unterzugehen? Tolstoi versuchte immer wieder, das Sterben literarisch in den Griff zu bekommen, um den Sieg des menschlichen Bewusstseins über den Tod zu erzwingen.

Tolstoi wusste, wovon er sprach. Am intensivsten verspürte er die kumulierte Todeserfahrung von «Niedergeschlagenheit, Angst, Schrecken» in einem Hotel im südrussischen Arsamas, wie er wenige Tage später, am 4. September 1869, seiner Frau berichtete. Diese Erfahrung war so traumatisierend, dass Tolstoi sie erst fünfzehn Jahre später unter dem programmatischen Titel «Aufzeichnungen eines Wahnsinnigen» zu Papier bringen konnte. Aber auch 1884 und in den Jahren 1887, 1888, 1896 und 1903, in denen er sich die Erzählung erneut vornahm, fand er keinen befriedigenden Abschluss. Die Präsenz des Todes bildet das Kernstück dieser Erzählung: «Ich will einschlafen, kann mich aber nicht vergessen. Ich kann nicht von mir weglaufen. Ich ging in den Korridor und dachte, ich könne mich so von dem entfernen, was mich quält. Aber es kam mir nach und verfinsterte alles. Ich fürchtete mich wie vorher, noch mehr. ‹Was ist das für eine Dummheit›, sagte ich mir, ‹warum bin ich niedergeschlagen, wovor fürchte ich mich?› ‹Vor mir›, sagte unhörbar die Stimme des Todes, ‹ich bin hier.› Ein Schaudern lief über meine Haut. Ja, des Todes. Er kommt, er ist jetzt hier, aber er darf nicht sein. Mein ganzes Wesen fühlte die Notwendigkeit, das Recht auf Leben und gleichzeitig den sich vollziehenden Tod. Und diese innere Zerrissenheit war schrecklich.»

Beeindruckend ist die schon fast avantgardistische Sprachkraft Tolstois, mit der er seine «rote, weiße, quadratische» Todesangst beschreibt. Die Erzählung bricht ab, nachdem der Icherzähler eine Wende zu Gott durchgemacht hat. Allerdings wirkt die Schilderung der religiösen Tröstungen blass und abgeschmackt neben der expressiven Darstellung der Todespräsenz.

Tolstoi konnte diese Erzählung nicht zu Ende bringen, weil hier zwei unterschiedliche, sogar sich gegenseitig ausschließende Todesauffassungen miteinander kollidieren: Auf der einen Seite enthüllt der Tod ein absolutes Sinnvakuum, in dem alles Menschliche auf ein Nichts reduziert wird. Auf der anderen Seite kann das religiöse Heilsversprechen nur dann Gültigkeit erlangen, wenn es stärker als der Tod ist. Mit einem Wort: Die «Aufzeichnungen eines Wahnsinnigen» scheitern als Text, weil nur entweder der Tod oder die Religion glaubwürdig als letzte Kraft dargestellt werden kann – nicht aber beides.

Tolstoi verfolgte das literarische Problem der Todesdarstellung in den folgenden Jahren weiter. Eine befriedigende Lösung fand er in der Erzählung «Der Tod des Iwan Iljitsch» (1886), die den «einfachen Tod eines einfachen Menschen aus seiner Sicht» beschreibt. Der Richter Iwan Iljitsch führt eine gewöhnliche bürgerliche Existenz, bis er an Krebs erkrankt. Sein Sterben erfährt er zwar als Agonie, aber gleichzeitig auch als Aufwachen aus seinem falschen Leben. Das Ende der Erzählung ist deshalb nicht tragisch, sondern optimistisch: «‹Und der Tod, wo ist er?› Er suchte seine frühere Todesangst und fand sie nicht. Wo ist er? Welcher Tod? Er hatte überhaupt keine Angst, denn es gab keinen Tod. Anstelle des Todes war Licht.

– So ist das also!, sagte er plötzlich laut. – Was für eine Freude!

Für ihn passierte das alles in einem Augenblick, und die Bedeutung dieses Augenblicks veränderte sich nicht mehr.»

Wie in den «Aufzeichnungen eines Wahnsinnigen» stoßen im «Tod des Iwan Iljitsch» zwei unvereinbare Todesdeutungen aufeinander, allerdings erweist sich im Laufe der Erzählung, dass die Todesangst nur ein Bestandteil des falschen Gesellschaftslebens ist, während das religiöse Bewusstsein das Sterben als Erwachen zum wahren Leben erklären und damit mit nachhaltigem Sinn ausstatten kann. Bezeichnenderweise hat Martin Heidegger in seinem existenzialistischen Hauptwerk *Sein und Zeit* (1927) unter Berufung auf Tolstois «Tod des Iwan Iljitsch» genau das «Sein zum Tode und die Alltäglichkeit des Daseins» behandelt. Heidegger kritisiert mit Tolstoi die «besorgte Sorglosigkeit der Öffentlichkeit», die «im Sterben des Anderen nicht selten eine gesellschaftliche Unannehmlichkeit, wenn nicht gar Taktlosigkeit» erblicke.

Der «Tod des Iwan Iljitsch» radikalisiert einen erzähltechnischen Kunstgriff, den der junge Tolstoi bereits in der Kriegserzählung «Sewastopol im Mai» (1855) angewandt hatte. Damals wagte er sich an das logisch unlösbare Problem, ein sterbendes Bewusstsein von innen heraus darzustellen. Der Rittmeister Praskuchin wird im Kampf tödlich verwundet: «Er raffte seine ganze Kraft zusammen und wollte schreien: ‹Nehmt mich mit!›, aber stattdessen stöhnte er so laut, dass er vor seiner eigenen Stimme erschrak. Dann begannen rote Lichter vor seinen Augen zu tanzen, und es schien ihm, dass die Soldaten Steine auf ihn legten. Die Lichter tanzten immer seltener und seltener umher, die Steine, die man auf ihn legte, drückten ihn immer schwerer. Er machte eine Anstrengung, die Steine von sich zu wälzen, streckte sich aus und sah, hörte, dachte und fühlte nichts mehr. Er war auf der Stelle von einem Granatsplitter getroffen worden, der ihn mitten in die Brust getroffen hatte.» Tolstoi zieht sich hier aus der Affäre, indem er im letzten Satz von einer Innensicht zur Außensicht umschaltet. Damit umgeht er den logischen Widerspruch, dass sich das sterbende Bewusstsein nicht selbst bis zum Ende beschreiben kann. Gleichwohl darf Tolstoi als literarischer Pionier des *stream of consciousness* gelten, der erst viel später von Wsewolod Garschin, Arthur Schnitzler und James Joyce zum dominanten Stilprinzip erhoben wurde.

Der Tod allein erschien Tolstoi bereits als Absurdität ersten Ranges, die nur noch durch die Hinrichtung überboten wurde. Am 25. März 1857 beschrieb Tolstoi während eines Pariser Aufenthalts dieses Faszinosum tremendum in seinem Tagebuch: «Ich stand um sieben Uhr auf und fuhr weg, um eine Hinrichtung anzuschauen. Ein dicker, weißer, gesunder Hals und eine ebensolche Brust. Er küsste das Evangelium und nachher – der Tod, was für eine Sinnlosigkeit!» In einem Brief vom selben Tag monierte Tolstoi gerade den Schein der Vernunft und Gerechtigkeit, mit dem im Namen des Staates ein Verbrechen begangen wurde: «Ich hatte die Dummheit und Grausamkeit, heute Morgen zu einer Hinrichtung zu fahren. Dieses Spektakel hat einen so starken Eindruck auf mich gemacht, dass ich mich lange nicht davon erholen werde. Ich habe viel Grauenvolles im Krieg im Kaukasus gesehen, aber wenn dort in meiner Nähe ein Mensch in Stücke gerissen wurde, war das nicht so schrecklich wie diese kunstvolle und elegante Maschine, mit der man in einem Augenblick einen frischen, kräftigen, gesunden Menschen umbrachte.» Das Erlebnis wirkte in Tolstoi so stark nach, dass er sogar noch in seinem späten Traktat *Was sollen wir denn tun?* (1886) auf diese Hinrichtung zu sprechen kam: «Vor dreißig Jahren habe ich in Paris gesehen, wie man einem Menschen in der Gegenwart von tausend Schaulustigen den Kopf abgehackt hat. Ich wusste, dass dieser Mensch ein entsetzlicher Verbrecher war; ich kannte all die Vernunftgründe, mit denen die Menschen schon seit Jahrhunderten dieses Verfahren rechtfertigten; ich wusste, dass man dies absichtlich, bewusst tat; aber in dem Moment, als Kopf und Körper sich trennten und in die Kiste fielen, stöhnte ich und begriff nicht mit dem Verstand, nicht mit dem Herzen, sondern mit meinem ganzen Wesen, dass Mord die schlimmste Sünde auf der Welt ist und dass vor meinen Augen genau diese Sünde begangen wurde. Ich hieß durch meine Anwesenheit und Passivität diese Sünde gut und nahm daran teil.»

Wahrscheinlich hatte genau dieses Argument Tolstoi im Jahr 1862 bewogen, die Verteidigung des Soldaten Schabunin zu übernehmen, der seinen Rittmeister geschlagen hatte. Der Misserfolg dieses juristischen Unternehmens hielt Tolstoi aber auch 1881 nicht davon ab, sich in einem mutigen Brief an Alexander III. gegen die Todesstrafe auszusprechen. Am 1. März 1881 war es einer Gruppe von Terroristen gelungen, den Zaren Alexander II. mit einer Bombe zu töten. Die Mörder konnten schnell gefasst werden und wurden zum Galgen verurteilt. Seit 1866 hatte eine Reihe von Attentaten auf den Monarchen und hohe Staatsbeamte stattgefunden. Darunter befanden sich auch zwei besonders spektakuläre Aktionen: Am 19. November 1879 wurde einer der drei Sonderzüge des Zaren auf dem Weg von der Krim nach Petersburg gesprengt, am 5. Februar 1880 explodierte eine Bombe in einem Kellerraum des Winterpalasts, genau unter dem Esszimmer der Zarenfamilie. In beiden Fällen kam Alexander II. nur durch Zufall mit dem Leben davon. Die Anschläge folgten immer schneller aufeinander. Der Terrorismus wurde in den 1870er-Jahren zum dringendsten innenpolitischen Problem in Russland. Nach der Ermordung Alexanders II. regierte sein Nachfolger Alexander III. mit eiserner Faust, stärkte die Autokratie und verschärfte die Zensur. Der Terrorismus ebbte in den folgenden Jahren immer mehr ab, allerdings nicht so sehr weil die Repression wirkte, sondern weil die Terrororganisationen selbst immer mehr am Sinn ihres Tuns zweifelten. Das fehlgeschlagene Attentat auf den Zaren am 1. März 1887, wofür Lenins älterer Bruder gehenkt wurde, muss deshalb als Ausnahmeerscheinung gelten. Alexander III. ließ zum Gedenken an den Tod seines Vaters am Ort des Attentats eine Kathedrale errichten, die den Namen «Erlöser auf dem Blut» trägt.

Tolstoi war existenziell von der zu erwartenden Hinrichtung der Terroristen betroffen. In einem Brief vom 3. März 1906 an seinen Biographen Pawel Birjukow erinnerte er sich an einen Traum, der ihn 1881 zum Handeln bewog: «Ich fühlte so klar und deutlich, als ob es wirklich wäre, dass man nicht die Mörder hinrichtet, sondern mich, und dass nicht Alexander III. mit den Richtern und Henkern sie hinrichtet, sondern wiederum ich.» Anfang März 1881 bat Tolstoi den neuen Zaren Alexander III. in einem langen Brief eindringlich um Gnade für die Mörder seines Vaters: «Verzeihen Sie, vergelten Sie Böses mit Gutem, und aus Hunderten von Verbrechern werden Dutzende vom Teufel zu Gott übergehen, und Tausende, ja Millionen Herzen werden vor Freude und Rührung erbeben beim Anblick des guten Beispiels des Throns in einer für den Sohn eines ermordeten Vaters so schrecklichen Minute.

Zar! Wenn Sie dies tun würden, diese Leute herbeirufen, ihnen Geld geben und sie irgendwohin nach Amerika schicken und ein Manifest mit den Worten ‹Aber ich sage euch: Liebet eure Feinde!› schreiben würden, dann würde ich, ein schlechter Untertan, zu Ihrem Hund, zu Ihrem Sklaven werden.»

Unterstützung erhielt Tolstoi nur von dem Religionsphilosophen Wladimir Solowjow (1853–1900), der den Zaren in einer Vorlesung aufforderte, christliche Milde walten zu lassen. Der verheißungsvolle Nachwuchswissenschaftler erhielt darauf ein öffentliches Redeverbot; seine akademische Karriere fand ein vorschnelles Ende. Solowjow schlug sich für den Rest seines Lebens als freier Schriftsteller durch.

Tolstoi selbst war berühmt und unabhängig genug, als dass ihm die Behörden etwas anhaben konnten. Als Antwort auf den Brief ließ ihm Alexander III. lediglich ausrichten, dass er ein Attentat auf sich selbst verzeihen könnte, die Mörder seines Vaters aber nicht begnadigen dürfe.

In seinen letzten Lebensjahren setzte Tolstoi seine gesamten Selbstüberzeugungskünste daran, dem Tod seinen Stachel zu nehmen. Er verstand den Tod jetzt nur noch als Erwachen aus einem falschen Leben und löste seine Trauer in religionsphilosophischen Betrachtungen auf. Gerade wenn das Leben nächster Familienmitglieder bedroht war, ließ er den existenziellen Horror des Todes nicht mehr an sich heran, sondern rationalisierte ihn.

Als sein siebenjähriger Lieblingssohn Wanja 1895 starb, deutete er diesen Tod als göttliche Aufgabe: Wanja sei vom göttlichen Leben mit Liebe ausgestattet worden, und sein Tod habe diese Liebe nun freigesetzt. Tolstoi forderte seine Frau in einem Brief vom 29. März auf, diese Liebe in ihrer konfliktgeschüttelten Ehe zu absorbieren.

Als Sofia Andrejewna im September 1906 wegen eines Tumors in der Gebärmutter operiert werden musste, lehnte Tolstoi den medizinischen Eingriff ab. Der Sohn Ilja erinnert sich, dass Tolstoi der Ansicht war, «dass der große und feierliche Augenblick ihres Todes gekommen war, dass man sich dem Willen Gottes unterwerfen musste und dass jegliche Einmischung der Ärzte die Größe und Feierlichkeit des Todesaktes zerstörte».

Sofia Andrejewna genas von der schweren Operation, aber die Tochter Maria starb zwei Monate später an einer Lungenentzündung. Auch in diesem Fall beruhigte sich Tolstoi durch ein rationales Argument und notierte am 27. November 1906 in seinem Tagebuch: «Ja, dieses Ereignis gehört in das Gebiet des Körperlichen, und deshalb ist es bedeutungslos.»

Tolstois skizzierte in einem Tagebucheintrag vom 10. Oktober 1907 sein Euthanasieverständnis sogar als mathematisches Diagramm:

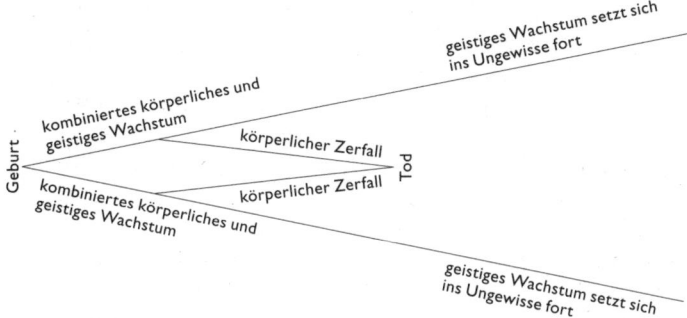

Vor diesem Hintergrund wird auch verständlich, dass Tolstoi in seinem geheimen Tagebuch am 2. Juli 1908 festhielt: «Auf verbrecherische Weise wünsche ich mir den Tod.» In diesem Sinn, aber nur in diesem, darf man auch Tolstois Flucht aus Jasnaja Poljana als eine Art sokratischen Selbstmord verstehen.

7. Der pflügende Graf in Jasnaja Poljana – Tolstois Verherrlichung des einfachen Volks

Bereits in den 1860er-Jahren, während der Arbeit an *Krieg und Frieden*, begann sich Tolstoi wie ein Bauer zu kleiden: Er trug ein härenes Hemd, das von einem Ledergürtel zusammengehalten wurde. Mit dieser Selbststilisierung war Tolstoi äußerst erfolgreich: Bis heute dominiert das Bild des bärtigen Feldarbeiters das Image des Schriftstellers. Tolstoi ließ sich von den berühmten Malern Ivan Kramskoj und Ilja Repin in verschiedenen Situationen porträtieren – beide bemühten sich, das Zusammenkommen von geistiger Arbeit und Handwerk symbolisch darzustellen. Repin fertigte überdies von seinem Gemälde des pflügenden Tolstoi zahlreiche Chromolithographien an, die sich schnell verkauften.

Das neue Auftreten wurde von vielen als Maskerade wahrgenommen, zumal Tolstoi sich als Student und Offizier durchaus geckenhaft gekleidet hatte. Auch war die Verwandlung in den Bauern nicht ganz konsequent: Der Tisch wurde in Jasnaja Poljana immer noch mit damastenen Tischtüchern und Silberbesteck gedeckt, Dienstboten servierten die Mahlzeiten in weißen Glacéhandschuhen. Ein zeitgenössischer Witz zeigt die Ambivalenz von Tolstois Maskerade sehr deutlich. Zwei Reisende fahren im Zug an Jasnaja Poljana vorbei. Fragt der eine: Wo ist denn jetzt der pflügende Graf? Antwortet der andere: Er pflügt nur, wenn der Luxuszug 1. Klasse vorbeifährt.

Mit der Selbststilisierung als Bauer war durchaus eine politische Stellungnahme verbunden. Im Herbst 1856 hatte Tolstoi seinen Abschied von der Armee genommen und sich entschieden, eine Privatexistenz auf seinem Landgut zu führen. Mit seiner einfachen Kleidung und dem Vollbart signalisierte Tolstoi, dass er auf Distanz zur etablierten Gesellschaft ging. Die zaristische Regelkultur sah vor, dass Offiziere einen Schnurrbart trugen und dass zivile Beamte sich rasierten. Adlige, die sich aus dem Staats- oder Militärdienst zurückgezogen hatten, kleideten sich in der Regel nach der Pariser Mode mit Hemd, Weste und Jackett. Vor allem liberale Autoren trugen Bart und lange Haare – berühmte Vertreter dieses Habitus waren etwa Iwan Turgenjew (1818–1883) oder Alexander Herzen (1812–1870).

Tolstoi wollte aber gerade nicht als Angehöriger der Intelligenzija wahrgenommen werden. Als offensichtlicher Sympathisant der Bauernschaft schloss er von Anfang an den traditionellen Vorwurf aus, als gesellschaftspolitischer Denker ein Elfenbeinturmdasein zu führen und den Kontakt zum Volk verloren zu haben.

Die Bauernfrage war in Russland des 19. Jahrhunderts ein brennendes Problem. Erst 1861 wurde die Leibeigenschaft aufgehoben – ein Schritt, der von vielen russischen Intellektuellen als überfällig angesehen wurde. Die finanzielle Abhängigkeit der Bauern von den adligen Gutsherren dauerte aber in den meisten Fällen weiter an.

Tolstoi hatte bereits vor der Bauernbefreiung seine eigenen Leibeigenen auf Jasnaja Poljana von der Fronarbeit befreien wollen. Sein Plan bestand darin, den Bauern das Acker- und Weideland während 24 Jahre gegen eine Pacht zu überlassen, später würde es in ihr Eigentum übergehen. Allerdings wurde sein Vorschlag von den Bauern mit Misstrauen aufgenommen. Sie zögerten, die Verantwortung für das Land zu übernehmen, und wollten lieber die bisherige Regelung beibehalten. Tolstoi war sehr enttäuscht über die Trägheit der Bauern. Am 4. Juni 1856 notierte er in seinem Tagebuch: «Sie wollen die Freiheit nicht. Am Abend diskutierte ich mit einigen Bauern, und ihre Sturheit erfüllte mich mit solchem Zorn, dass ich ihn nur mit Mühe verbergen konnte.»

Trotzdem ließ er sich nicht entmutigen. Als Zar Alexander II. am 19. Februar 1861 endlich die Bauernbefreiung verkündete, nahm Tolstoi an der Umsetzung des Manifests regen Anteil: Er gab jedem seiner Bauern die maximale Quote von 3,3 Hektar Land und behielt 685 Hektar für sich. Außerdem übte er etwa ein Jahr lang das Amt eines Friedensrichters zwischen Gutsbesitzern und ehemaligen Leibeigenen aus. Allerdings schuf er sich durch seine progressive und bauernfreundliche Schlichtungstätigkeit in seinem Gouvernement zahlreiche Feinde unter den Adligen.

Tolstois politisches und pädagogisches Engagement verschränkte sich in dieser Zeit. Gerade die ernüchternde Erfahrung des Jahres 1856 hatte Tolstoi vor Augen geführt, dass eine Landverteilung unter ungebildeten Bauern wenig Sinn machte. Allerdings verfolgte er kein Lehrprogramm mit herkömmlichen Inhalten. Tolstoi ging es vielmehr um das Erwecken eines höheren Bewusstseins, das seiner Meinung nach in jedem Menschen schlummert. Dabei traute er den Bauern sogar höhere Erkenntnischancen zu als Bürgern oder Adligen: Die gebildeten Schichten befanden sich aus Tolstois Sicht in einem zivilisatorischen Verblendungszusammenhang, aus dem nur schwer herauszukommen sei.

In dieser Zeit entwarf Tolstoi ein idealisiertes Bild des russischen Bauern, dem er in *Krieg und Frieden* in Gestalt des einfachen Soldaten Platon Karatajew ein Denkmal setzte. Die philosophische Bedeutung dieser Figur wird bereits durch den Vornamen signalisiert. Gegen das atomisierte Weltbild der modernen Zivilisation spielt Karatajew die Wahrheit eines ganzheitlichen Wissens und einer moralischen Lebensführung aus. Karatajew stellt letztlich ein Idealbild der menschlichen Existenz dar. Mehr noch: Tolstoi inszenierte seine biographische Praxis nach dem literarisch projizierten Vorbild Karatajews.

Deshalb verwandte Tolstoi später erhebliche Energie darauf, der Chimäre Karatajew im richtigen Leben nachzujagen. Großen Eindruck machte auf ihn etwa die Bekanntschaft mit Wassili Sjutajew (1819–1892). Der Bauernphilosoph hatte eine Lehre entwickelt, die sich in weiten Teilen mit Tolstois Ansichten deckte: Sjutajew predigte allseitige Liebe, lehnte jegliche Gewalt ab und förderte das gemeinschaftliche Eigentum. Sjutajews christlicher Kommunismus wandte sich auch gegen die orthodoxe Kirche: Er besuchte keinen Gottesdienst, betete nicht zu den Ikonen und ließ seine Enkel nicht taufen. Nachdem Tolstoi erfahren hatte, dass Sjutajews Sohn den Militärdienst verweigerte, besuchte er die Familie am 28. September 1881 in der Nähe von Twer. Trotz polizeilicher Überwachung hielt Tolstoi den Kontakt zu Sjutajew aufrecht. Im Gespräch mit dem Juristen Gawrila Rusanow im August 1883 deutete Tolstoi dieses Zusammentreffen als Beweis für die Richtigkeit seiner eigenen Position: «Erstaunlich! Ich und Sjutajew sind völlig unterschiedlich, so unähnlich sowohl hinsichtlich Geisteshaltung und Entwicklungsstufe, wir haben völlig unterschiedliche Wege zurückgelegt und sind bei demselben Resultat angelangt, völlig unabhängig voneinander!»

1885 erfuhr Tolstoi von einem weiteren bäuerlichen Autodidakten. Timofei Bondarew (1829–1898) forderte in seinem Werk *Strebsamkeit und Schmarotzertum oder Der Triumph des Ackerbauern*, jeder Mensch solle den biblischen Imperativ, man müsse sein Brot im Schweiße seines Angesichts essen, ernst nehmen und auf dem Feld arbeiten. Tolstoi lobte Bondarews Ideen als absolut neuartig und schrieb am 13. Juli 1885 in einem Brief: «Die ganze ökonomische Wissenschaft hat nichts Vergleichbares gesagt.» Er führte eine ausgedehnte Korrespondenz mit dem Autor, der schon 1867 nach Sibirien verbannt worden war, und verfasste 1888 ein Nachwort zu Bondarews Buch, das zwei Jahre später auch auf Englisch und Französisch erschien.

In der umfangreichen Handlungsanweisung *Was sollen wir denn tun?* (1886) zögerte Tolstoi nicht, diesen beiden Bauernphilosophen einen eminenten Rang zuzuschreiben: «In meinem ganzen Leben haben zwei russische Denker auf mich einen großen moralischen Einfluss ausgeübt, mein Denken bereichert und mir meine Weltanschauung erklärt – zwei bemerkenswerte Menschen, die jetzt leben und ihr ganzes Leben auf dem Feld gearbeitet haben –, die Bauern Sjutajew und Bondarew.»

Auch sprachlich versuchte sich Tolstoi an den Bauern zu orientieren. So berichtet etwa der Übersetzer und Essayist Serge Persky, wie Tolstoi den Dorfbewohnern von Jasnaja Poljana das Volksmärchen «Der Dummkopf Iwanuschka» in seiner eigenen Bearbeitung vorlas und anschließend einen Bauern bat, das Gehörte nachzuerzählen. Dabei notierte Tolstoi alle abweichenden Formulierungen und glich so seinen eigenen Text an die Volkssprache an.

Tolstoi war indes zu gut vertraut mit der russischen Misere, als dass er in jedem Bauern nur einen verhinderten Philosophen oder Schriftsteller erblickt hätte. Im Drama «Die Macht der Finsternis» (1886) zeichnet er ein äußerst düsteres Bild des bäuerlichen Lebens: Der Protagonist Nikita vergiftet erst den Vater einer reichen Bäuerin, um sie zu heiraten, und ermordet anschließend das eigene neugeborene Kind, um seine Beziehung zur Stieftochter seiner Frau zu verheimlichen. Tolstoi malt diesen schwarzen Hintergrund, um seinen Glauben an das Gute im Menschen umso heller leuchten zu lassen: Nikita ist nicht einfach ein Schurke und Finsterling. Am Ende bereut er seine verbrecherischen Taten und ist bereit, dafür zu büßen.

Im Jahr 1895 taucht die Bauernfrage in einem zentralen Text auf. Tolstoi entwirft in «Herr und Knecht» eine utopische Lösung für die verkrustete Ständestruktur der russischen Gesell-

schaft. Die Handlung verfügt über eine reale und eine metaphysische Ebene. Der Gutsbesitzer Wassili Brechunow gerät mit
seinem Knecht Nikita in einen Schneesturm und rettet ihn vor
dem Erfrierungstod, indem er sich über ihn legt. Brechunow
stirbt dabei aber selbst. Das Entscheidende an Tolstois künstle-
rischer Behandlung dieses Stoffs liegt in der Umdeutung des
Todes: Der Unfall ist kein tragisches Unglück, sondern eine Befreiung aus dem falschen Leben, in dem die Menschen isolierte
Existenzen führen. Tolstoi unterstreicht das Glücksgefühl des
sterbenden Brechunow, der seine Lebensenergie an Nikita wei-
tergibt. Der Moment des Sterbens ist gleichzeitig ein Moment
der höchsten Erkenntnis: Der Gutsbesitzer spürt intuitiv die
Wahrheit seines Handelns. Er merkt, dass «er Nikita ist und Nikita er».

In dieser Schlüsselstelle gestaltet Tolstoi zwei zentrale Elemente seiner innersten Überzeugung: Er fordert die Verbrüderung der Menschheit über alle sozialen Klassen hinweg, und er
verweist auf die geheime Identität von Geburt und Tod.

Im ersten Punkt berührt sich Tolstoi mit den zwei wichtigsten
russischen Religionsphilosophen seiner Zeit: Wladimir Solowjow (1853–1900) und Nikolai Fjodorow (1829–1903). Beide
engagierten sich in ihren Schriften für die Vereinigung der
Menschheit, aus der eine bessere Welt entstehen sollte. Allerdings unterscheiden sich die einzelnen Verbrüderungsvisionen
stark voneinander: Tolstoi stand entschieden für den Grundsatz
ein, man dürfe sich dem Bösen nicht mit Gewalt widersetzen.
Wer Böses mit Bösem bekämpfe, drehe nur weiter an der Spirale
wechselseitiger Vergeltung. Außerdem lehnte er eine aktive
Rolle der Kirchen in diesem Prozess ab, weil sich das Gute nur
aufgrund der Bewusstseinsarbeit des Einzelnen und nicht über
hierarchische Organisationen durchsetzen könne. Diese These
stieß auf den entschiedenen Widerspruch von Wladimir Solowjow, der in den Ereignissen der Weltgeschichte den Antichrist
herannahen sah. Nur die Vereinigung der christlichen Konfessionen und der gemeinsame Kampf gegen das Böse könnten das
apokalyptische Unheil abwenden. Fjodorow schließlich verfolgte eine rückwärtsgewandte Utopie: Die allgemeine Verbrü-

derung müsse mit biotechnologischen Mitteln die Auferwe-
ckung der verstorbenen Väter ins Werk setzen. Tolstoi wusste
sich einig mit Fjodorow in der Ablehnung der Sexualität und
der staatlichen Institutionen, konnte aber wenig mit der Wis-
senschaftsbegeisterung des utopischen Denkers anfangen.

Der zweite Punkt – die positive Umdeutung des Todes – ist
ein Nachhall eines Lektüreerlebnisses, dessen Bedeutung für
den späten Tolstoi kaum überschätzt werden kann. Im Sommer
1869 las Tolstoi auf seinem Landgut in Jasnaja Poljana sämt-
liche Schriften des deutschen Philosophen Arthur Schopenhauer
(1788–1860) und kam in einem Brief vom 30. August zum
Schluss: «Ich weiß nicht, ob ich meine Meinung noch ändern
werde, aber jetzt bin ich überzeugt, dass Schopenhauer der
genialste Mensch ist.» Tolstois Verehrung ging so weit, dass er
sogar ein Porträt des Philosophen in seinem Arbeitszimmer auf-
hängte. Tolstoi folgte Schopenhauers Generalthese, dass die
Welt nicht als eigenständige Realität existiere, sondern nur als
Wille und Vorstellung erklärt werden könne. Das menschliche
Individuum stellt aus dieser Sicht eine verfehlte Objektivation
des Willens zum Leben dar. Die Welt, in der sich der Einzelne
bewegt, ist nur das Produkt seiner Vorstellungskraft. Aufgrund
dieser doppelten Täuschung kann die menschliche Existenz nur
ein Jammertal sein. Schopenhauer empfiehlt als Ausweg aus
diesem Dilemma etwas, das er als Quietiv des Willens bezeichnet: Der Mensch muss sich von allen Motiven seines Handelns
lossagen, die engen Grenzen seines individuellen Lebens überwinden und den letzten Rest seiner Lebensenergie zur Ruhe
kommen lassen. Auf eindringliche Weise hat Tolstoi in «Herr
und Knecht» genau diesen Vorgang literarisch gestaltet. Die
Verschmelzung der Identitäten von Brechunow und Nikita inszeniert das zentrale Credo Schopenhauers: das Fallen der
Schranken der Individuation. Indem der Herr stirbt, schenkt er
seinem Knecht das Leben und stellt so die Interessen der Gat-
tung Mensch höher als sein eigenes Dasein.

In diese Zeit fällt auch Tolstois Beschäftigung mit der ökono-
mischen Theorie des amerikanischen Journalisten Henry
George (1839–1897). Anfang 1885 las er das Buch *Fortschritt*

und Armut, in dem George die Bodenrente als ungerechtes Einkommen kritisierte. Als Lösung skizzierte George den Übergang des privaten Grundeigentums in den Besitz des Staates: Wer Land nutzen will, muss dafür eine «single tax» entrichten, alle anderen Steuern, insbesondere die Besteuerung von Einkommen aus Produktionskraft, würden entfallen. Tolstoi war von dieser Idee begeistert. Am 22. Februar 1885 schrieb er an seine Frau: «Ich lese meinen George ... Das ist ein wichtiges Buch. Es ist ein gleich wichtiger Schritt auf der Entwicklung des gesellschaftlichen Lebens wie die Bauernbefreiung – die Befreiung vom privaten Grundbesitz.» Henry George wurde bald auf Tolstoi aufmerksam und schickte ihm 1894 alle seine Bücher. Ein Treffen in Russland war bereits geplant, als Henry George während seines Wahlkampfs für das Amt des New Yorker Bürgermeisters starb. Tolstoi wollte Henry Georges Projekt ursprünglich sogar zum Herzstück seines letzten Romans *Auferstehung* (1899) machen. In der ersten Fassung heiratet Fürst Nechljudow die verurteilte Prostituierte in Sibirien. Das asketische Familienleben des ungleichen Paars erschöpft sich im Wesentlichen in der Ausarbeitung eines Reformprojekts für den Zaren im Geist von Henry George: Nechljudow schlägt die Verstaatlichung allen Grundeigentums und die Einführung einer «single tax» vor. In der Endfassung von *Auferstehung* tritt Henry Georges Utopie wahrscheinlich aus praktischen Gründen hinter Herbert Spencers Idee der «sozialen Statik» (1851) zurück. In diesem Buch hatte Spencer philosophisch gegen die Möglichkeit von privatem Grundeigentum argumentiert. Tolstoi unterstreicht im endgültigen Romantext eher die individuellen Handlungsmöglichkeiten, wenn er Fürst Nechljudow seinen Landbesitz unter den Bauern verteilen lässt. Für das staatliche Großprojekt der «single tax» schien Tolstoi die Zeit noch nicht gekommen zu sein, umso mehr als die eigenen Versuche, auf seinen Grundbesitz zu verzichten, am Widerstand der Familie scheiterten.

Bereits 1892 wollte Tolstoi sein Land an die Bauern von Jasnaja Poljana verschenken. Seine Familie überzeugte ihn jedoch, dass er sein Eigentum unter Frau und Kindern aufteilen sollte.

Maria verzichtete zunächst auf ihren Anteil von 75 000 Rubeln, forderte ihn aber nach ihrer Heirat ein. Damit war Tolstoi auf halbem Weg stehen geblieben: Er war zwar selbst besitzlos, aber sein Eigentum war nicht in die Hände der Landarbeiter übergegangen. Die Idee der Verteilung des Landes an die Bauern taucht deshalb – neben der Freigabe der Autorenrechte – in Tolstois Tagebüchern hartnäckig auf: am 27. März 1895 und am 1. November 1909.

Trotzdem ließ ihn der Gedanke an die «single tax» nicht los. 1906 führte der liberale Ministerpräsident Pjotr Stolypin (1862–1911) in Russland seine Agrarreform durch: Er gab den Bauern das Recht auf privaten Grundbesitz, förderte Kleinkredite und landwirtschaftliche Ausbildungsmaßnahmen. Damit wollte er einen bäuerlichen Mittelstand schaffen, der aus eigener Kraft die drückende Armut auf dem Land überwinden konnte. Tolstoi vermochte in diesen Reformen nichts anderes als eine Weiterführung der verderblichen herrschenden Zustände zu sehen. Deshalb sandte er am 26. Juli 1907 ein Exemplar von Henry Georges Buch *Soziale Reformen* an Stolypin und beschwor ihn, «das Recht auf Grundbesitz abzuschaffen und die Nutzung des Landes allen zugänglich zu machen». Erst am 23. Oktober antwortete der Ministerpräsident mit einem kurzen Brief, in dem er das Recht auf privaten Grundbesitz verteidigte, weil nur so die Privatinitiative der Bauern gesteigert werden könne.

8. Tolstois Kampf gegen den Sexus

Tolstoi verfügte bis ins hohe Alter über eine enorme sexuelle Potenz. Das deutlichste Zeugnis darüber findet man in den Memoiren seiner Frau: «Die physische Kraft und Erfahrung meines Mannes in Liebesdingen – seine übergroße Leidenschaft und Manneskraft – erdrückten mich physisch. Genial begabt, klug sowie älter und erfahrener in geistigen Dingen, erdrückte er mich mit seinen Ansichten über Moral.» Sofia Andrejewna hatte ihrer Abneigung gegen die Sexualität schon ein halbes Jahr nach der Hochzeit deutlichen Ausdruck gegeben. Am 29. April 1863 notierte sie in ihrem Tagebuch: «Bei ihm spielt die physische Seite der Liebe eine große Rolle. Das ist furchtbar, denn bei mir spielt sie gar keine Rolle. Doch ist er moralisch anständig – das ist das Wichtigste.» Zunächst fügte sich Sofia Andrejewna in ihr Schicksal. Nach der schweren Geburt des fünften Kindes entwickelte sich jedoch zwischen den Ehegatten ein Disput über die ständigen Schwangerschaften. Sofia Andrejewna versuchte sich 1871 erstmals dem Willen ihres Mannes nach einer Vergrößerung der Familie zu widersetzen. Diese Weigerung führte zu einer scharfen Ehekrise. Seinem Biographen Birjukow erklärte Tolstoi im Jahr 1906 die damalige Situation: «Nach einer schweren Krankheit wollte meine Frau auf Anraten der Ärzte keine Kinder mehr bekommen. Dies hatte schwere Auswirkungen auf mich, dies war meiner ganzen Idee des Familienlebens derart entgegengesetzt, dass ich lange nicht entscheiden konnte, wie dieses Leben fortgesetzt werden könnte. Ich habe sogar an Scheidung gedacht.»

Sofia Andrejewna lenkte in diesem Fall ein – so wie sie auch bis zur Geburt des letzten Kindes im Jahr 1888 immer wieder nachgab. In den ersten dreißig Ehejahren machte sie sechzehn Schwangerschaften durch und war mithin insgesamt über zehn Jahre lang schwanger. Dreizehn Kinder kamen lebend zur Welt, davon erreichten acht das Erwachsenenalter. Sofia Andrejewna versuchte bisweilen verzweifelt, die ungewollten Schwangerschaften zu beenden. Ihre Kinderfrau erinnerte sich, wie die Gräfin im Jahr 1884 die Füße in kochendes Wasser stellte, viel zu heiße Bäder nahm oder von einer Kommode heruntersprang.

Tolstois Haltung zur Prokreation blieb keineswegs konstant: Vor der Lebenskrise des Jahres 1878 wünschte sich Tolstoi so viele Kinder wie möglich, später verdammte er seine erotische Leidenschaft. Allerdings gelang es auch dem späten Tolstoi kaum, seinen Geschlechtstrieb unter Kontrolle zu bringen. Am 24. Juli 1885 schrieb er in einem Brief an Wladimir Tschertkow: «Wenn du dich mit deiner Frau vergnügst, ist es für sie und dich peinlich. Wenn du dich entmannst wie Origenes, ist es peinlich.

Wenn du dich dein ganzes Leben trotz Lust mit Enthaltsamkeit quälst, ist es peinlich.» Im Gespräch mit Maxim Gorki in Gaspra am Schwarzen Meer hielt Tolstoi 1901 fest: «Ein Mann kann ein Erdbeben überleben, eine Epidemie, eine schlimme Krankheit, alle Seelenqualen, die schlimmste Tragödie, die ihm passieren kann, ist und bleibt die Tragödie des Schlafzimmers.» Und noch drastischer formulierte er: «Nicht das Weib ist gefährlich, das dich am ... packt, sondern das, das dich an der Seele packt.» Im geheimen Tagebuch heißt es schließlich am 9. Juli 1908: «Alle schreiben meine Biographie, aber über mein Verhältnis zum siebten Gebot wird nichts darin stehen. Es wird nichts über den entsetzlichen Schmutz der Masturbation geben, und noch schlimmer, über die Jugend von 13 bis 16 Jahren (ich erinnere mich nicht, wann ich die Unzucht in den Bordellen begonnen habe). Und so bis zur Beziehung mit der Bäuerin Aksinja – sie lebt. Später die Ehe, in der – obwohl ich meine Frau nicht ein einziges Mal betrogen habe – meine Lust auf die Frau widerlich und verbrecherisch ist. Davon schreiben die Biographien nichts, es kommt überhaupt nicht vor. Aber es ist sehr wichtig, sehr wichtig als das – wenigstens mir – am meisten bewusste Laster, das mich mehr als andere umtreibt.»

Nach seiner sexuellen Initiation hatte Tolstoi als Zwanzigjähriger eine Affäre mit einem Dienstmädchen auf dem Landgut Jasnaja Poljana. Noch im hohen Alter fühlte er sich schuldig, weil seine Geliebte – wie in solchen Fällen üblich – damals einfach aus dem Haus gejagt wurde. Am 27. November 1903 zählte er Pawel Birjukow seine «Liebschaften» auf: Dabei verweist er vor allem auf seine Kinderliebe Sonja Koloschina, sein schüchternes Verhältnis zu Sinaida Molostwowa («Diese Liebe war in meiner Vorstellung. Sie wusste kaum etwas davon») und auf eine Kosakin im Kaukasus, die er unter dem Namen «Marjana» in der Erzählung «Die Kosaken» porträtiert habe.

Die Freundin aus Kindertagen diente Tolstoi als Idealbild einer keuschen Liebe. Am 24. Juni 1890 notierte er im Tagebuch: «Ich dachte daran, den Roman einer keuschen, verliebten Liebe zu schreiben wie zu Sonetschka Koloschina – einen Roman, der den Übergang zur Sinnlichkeit unmöglich machen würde und der als bester Schutzschild gegen die Sinnlichkeit dienen könnte.» Romanbildend wurde dann aber doch das traumatisierende Verhältnis zum erniedrigten Dienstmädchen: Tolstoi beschreibt in der *Auferstehung* (1899) die Sühne des Fürsten Nechljudow, der ebenfalls ein junges Mädchen verführt hatte und sich nun für ihre Lebenstragödie verantwortlich fühlt.

Das längste Liebesverhältnis, dem auch ein unehelicher Sohn entsprang, verband Tolstoi in den Jahren 1857 bis 1860 mit der Bäuerin Aksinja Basykina (1836–1919). Zu Beginn der Sechzigerjahre versuchte Tolstoi, seine Beziehung zu Aksinja in einer literarischen Utopie zu verarbeiten. Er verfasste mehrere Redaktionen desselben Stoffes – ein Bauernbursche verführt die schöne junge Frau eines Kutschers – unter den Titeln «Tichon und Malanja» und «Idylle». Das Ende ist jedes Mal dasselbe: Der Seitensprung bleibt folgenlos, die Eheleute versöhnen sich wieder.

Auf Tolstoi selbst sollte diese Erzählung offensichtlich eine beschwichtigende Wirkung ausüben. Tolstoi hatte sich mit Aksinja ohne ernste Absichten eingelassen, musste sich aber bald tiefere Gefühle eingestehen. Am 25. Mai 1860 schrieb er in seinem Tagebuch: «Mir wird sogar unheimlich, wie nahe sie mir steht.» Und am nächsten Tag: «Schon nicht mehr das Gefühl eines Hirsches, sondern das eines Mannes zu seiner Frau.»

Diese Liebschaft überschattete auch Tolstois Heirat mit Sofia Andrejewna Behrs (1844–1919) am 23. September 1862. Die junge Gutsherrin war bis aufs Blut eifersüchtig auf die Rivalin. In ihrem Tagebuch berichtet Sofia Andrejewna, wie sie sich selbst als Bauernmädchen verkleidete, um zu sehen, ob Tolstoi ihr nachrufen würde. Sie spielte sogar mit dem Gedanken, sich das Leben zu nehmen. Am 16. Dezember 1862 findet sich in ihrem Tagebuch eine Notiz, in der sie ein Liebesbekenntnis ihres Ehemannes zu Aksinja ironisiert: «Ich glaube, ich werde vor Eifersucht noch einmal Hand an mich legen. ‹Ich war noch nie so verliebt!› Einfach ein Bauernweib, dick, weiß – furchtbar.» Die Eifersucht fand allerdings eine noch simplere Lösung: Sofia Andrejewna verhängte ein Tabu über Aksinja. Das ging so weit, dass sie sich weigerte, die beiden Erzählungen «Tichon

und Malanja» und «Idylle» nach dem Diktat ihres Mannes ab-
zuschreiben.

Für den späten Tolstoi war die Affäre mit Aksinja mit einer
doppelten Schwierigkeit verbunden: Einerseits führte sie Tolstoi
in aller Deutlichkeit vor Augen, wie sein Wille vor dem Sexual-
trieb kapitulierte, andererseits blieb die dralle Bäuerin für Sofia
Andrejewna zeitlebens eine Hassfigur. Dreißig Jahre nach der
«Idylle» wählte Tolstoi bei der Darstellung der dunklen Kraft,
die von Aksinja ausging, nicht mehr den Weg der Verharmlo-
sung, sondern der Dämonisierung. Bereits der Titel der Erzählung «Der Teufel» (1889) lässt keine Zweifel an Tolstois rück-
blickender Deutung der Ereignisse aufkommen. Diesen Text
hielt Tolstoi lange vor seiner Frau geheim und versteckte ihn in
der Polsterung des Sessels in seinem Arbeitszimmer. Als Sofia
die Erzählung nach zwanzig Jahren doch las, «ging die alte Hefe
auf», wie Tolstoi am 13. Mai 1909 in seinem Tagebuch notierte.
«Der Teufel» schildert die fatale erotische Anziehungskraft, die
von der Bäuerin Stepanida auf den Gutsbesitzer Irtenjew aus-
geht (Tolstoi verwendet für den Protagonisten denselben Namen wie für das erzählende Ich in der autobiographischen Trilogie *Kindheit, Jugend, Jünglingsjahre*). Irtenjew versucht sich
vor Stepanida zu retten, indem er ein aristokratisches Fräulein
heiratet. Allerdings gelingt es ihm nicht, dem Bannkreis der
schönen Bäuerin zu entkommen. Er gelangt zum Schluss: «Sie
ist der Teufel. Geradezu der Teufel. Sie beherrscht mich gegen
meinen Willen. Töten? Ja. Es gibt nur zwei Auswege: die Ehefrau zu töten oder sie. Denn so leben kann man nicht.» Tolstoi
hat zwei Schlüsse zu dieser Erzählung ausgearbeitet: In der ersten Variante ersinnt Irtenjew noch einen weiteren Ausweg und
begeht Selbstmord. In der zweiten Variante, die Tolstoi ein
halbes Jahr später verfasste, ermordet Irtenjew Stepanida.

Dasselbe Motiv gestaltete Tolstoi noch drastischer in seiner
Erzählung «Vater Sergij» (1898). Ein junger Offizier verzichtet
auf eine glänzende Karriere, nachdem er von den sexuellen Erfahrungen seiner Braut Kenntnis erhalten hat. Er wird Mönch,
und sein asketisches Leben als Einsiedler trägt ihm bald allgemeine Bewunderung ein. Eine frivole junge Witwe will seine

Standfestigkeit prüfen, indem sie in einer kalten Winternacht vorgibt, sich im Wald verirrt zu haben. Der Mönch lässt sie zwar in seiner Klause übernachten, hackt sich aber den eigenen Daumen mit einem Beil ab, um seine sexuelle Leidenschaft zu zügeln. Mit Schrecken erblickt die Dame am nächsten Morgen diese Ersatzhandlung für eine Selbstkastration und tritt kurz darauf selbst in ein Kloster ein. Der Einsiedler fragt sich: «Mein Gott! Sollte es wirklich wahr sein, was ich in den Heiligenviten gelesen habe, dass der Teufel weibliche Gestalt annimmt?»

Die für Sofia Andrejewna wenig schmeichelhafte Gleichung «der Teufel ist eine Frau» belastete natürlich auch Tolstois Ehe in zunehmendem Maße. Angelegt war die dämonische Verführungskraft des Weibs bereits in Tolstois Skandalnovelle *Die Kreutzersonate* (1889): Der Protagonist berichtet während einer Zugfahrt, wie er seine Frau aus Eifersucht auf einen Geiger ermordet habe. Dabei ist ihm die Frau nicht einmal untreu gewesen, sondern hat nur den Violinisten auf dem Klavier begleitet. Eine wichtige Rolle spielt in Tolstois Darstellung Beethovens Musik, die in ihrer leidenschaftlichen Intensität auch die Sexualität anreize. In einem erzählerischen Gewaltakt äußerst einseitiger Sympathiesteuerung gelingt es Tolstoi, den Mord zwar nicht zu entschuldigen, aber doch verständlich erscheinen zu lassen. Der Mörder aus der *Kreutzersonate* verdammt die Sexualität auch innerhalb der Ehe in Grund und Boden und nimmt für sein ideologisches Programm sogar langfristig das Aussterben der Menschheit in Kauf. Tolstoi selbst hat seinem Helden wiederholt sekundiert. Er entgegnete auf den Einwand von E. J. Dillon, die Menschheit würde aussterben, wenn sie Tolstoi folge: «Soll sie doch aussterben. Es ist das beste Schicksal, das sie überhaupt haben kann. Aber ich glaube nicht, dass sie so enden wird.» Und in einem später verfassten Nachwort zur *Kreutzersonate* hob er in einer Punkteliste die wichtigsten Resultate der Erzählung hervor: «Die Junggesellen müssen, um sich enthalten zu können, nicht nur ein natürliches Leben führen, sondern auch: nicht trinken, sich nicht überessen, kein Fleisch essen und der Arbeit (nicht Gymnastik, sondern anstrengender, nicht spielerischer Arbeit) nicht ausweichen, in Gedanken nicht die Möglichkeit der Vereinigung mit fremden Frauen zulassen, so wie jeder Mensch das auch nicht zulässt zwischen sich und seiner Mutter oder Schwester, Verwandten oder Frauen von Freunden.»

Mit dieser Handlungsanweisung wiederholte Tolstoi im Wesentlichen seine Ratschläge, die er bereits als junger Mann für sich selbst ausgearbeitet hatte. In seinem Regelheft notierte er im Sommer 1850: «Erste Regel: Halte dich von den Frauen fern. Zweite: Ersticke deine Gelüste mit körperlichen Arbeiten.» Tolstoi entwickelte sogar einen genauen Plan: Auf Französisch formulierte er eine ausführliche Anleitung für dreizehn verschiedene Übungen wie Armschwingen, Kniebeugen oder Hantelnstemmen. In einer Tabelle hielt er für jeden Tag die Anzahl der ausgeführten Übungen fest. Möglicherweise stellte die explizite Ablehnung der Gymnastik im Nachwort zur *Kreutzersonate* ein spätes Eingeständnis dar, dass solche Körperübungen seinen Geschlechtstrieb kaum abschwächen konnten.

Tolstois Vorschläge wurden in der russischen Gesellschaft intensiv diskutiert. Dabei fand er auch eifrige Verteidiger seiner extremen Ansichten. Wladimir Wolfson etwa veröffentlichte 1899 den Traktat *Die Kreutzersonate des Grafen L. N. Tolstoi vom Standpunkt der Hygiene*. Der Biologe stimmte Tolstoi in allen Punkten zu und skizzierte eine «Hygiene der Enthaltsamkeit», der zufolge Sexualität nur in der Ehe und nur zum Ziel des Kinderzeugens erlaubt war. Darüber hinaus diffamierte Wolfson «leidenschaftliche Verliebtheit» als egoistisch und meinte, ein solches Verhältnis könne nur aus Zufall zu einer glücklichen Ehe führen.

Der schärfste Opponent fand sich hingegen unmittelbar an Tolstois Seite: Sofia Andrejewna war mit der Hetze gegen die romantische Liebe überhaupt nicht einverstanden. Sie hielt eine andere, ironische Deutung für die *Kreutzersonate* bereit: Während Tolstoi sein literarisches Plädoyer für die Keuschheit niederschrieb, geriet sie in andere Umstände. In ihrem Tagebuch notierte sie am 25. Dezember 1890: «Es ist schrecklich, wieder schwanger zu sein, und alle werden von dieser Schande erfahren und mit Schadenfreude den in der Moskauer höheren Gesellschaft erfundenen Witz weiterverbreiten: Dies ist das wahre Nachwort zur *Kreutzersonate*.»

Die *Kreutzersonate* wurde von der Zensur sofort verboten, weil sie gegen die guten Sitten verstoße. Allerdings reiste Sofia Andrejewna 1891 nach Petersburg und erwirkte beim Zar, dass die *Kreutzersonate* im dreizehnten Band der Werkausgabe erscheinen durfte. Der Zar zeigte sich erstaunt, dass Sofia Andrejewna als Gattin sich für ein Pamphlet gegen die Ehe einsetze. Sie antwortete, dass sie den Text nicht als Tolstois Gattin, sondern als Herausgeberin seiner Werke publiziert sehen möchte. Der Zar gab sein Einverständnis mit der Auflage, dass der Band nicht einzeln verkauft werden dürfe.

Sofia Andrejewna ließ es sich allerdings nicht nehmen, eine literarische Replik auf die *Kreutzersonate* zu verfassen. In ihrem Roman *Eine Frage der Schuld* (1893) schilderte sie das traurige Schicksal einer Frau, die sich mit einem todkranken Nachbarn zu geistigen Gesprächen trifft, nachdem sich das Interesse ihres Mannes an der Ehe abgekühlt hat. Der Gatte verdächtigt seine Frau des Ehebruchs und tötet sie in einem blindwütigen Eifersuchtsanfall mit einem Briefbeschwerer. Sofia Andrejewna hielt ihren Roman jedoch zurück, weil sie ihr desolates Eheleben nicht noch mehr in die Öffentlichkeit ziehen wollte.

In den späten Ehejahren verstärkte sich Tolstois Misogynie noch. In einem Gespräch mit seinem Sekretär Pjotr Sergejenko reduzierte er die Bedeutung der Frau auf ihre Rolle als Geschlechtspartnerin: «Können wir denn wirklich die Frau mit all unseren Anforderungen konfrontieren und sie streng beurteilen, wenn wir sie gleichzeitig systematisch zur Unwahrheit hinführen? Schätzen wir denn an ihr nicht vor allem das, was zu ihrem Geschlecht gehört, und nehmen wir sie nicht deshalb zur Frau? Und plötzlich wollen wir, dass sie zu unserem *Freund* wird. Das ist Betrug und Lüge. Einen Freund suche ich mir unter Männern. Und keine Frau kann mir den Freund ersetzen. Weshalb also lügen wir unsere Frauen an und lassen sie glauben, dass wir sie als wahrhafte Freunde betrachten? Das ist unwahr.

Wenn wir eine bestimmte Frau heiraten, dann erklären wir

dadurch alle anderen Frauen auf der Welt zu unseren Schwestern. Darin liegt der tiefe Sinn der Ehe. Aber wenn jemand keusch bleiben kann, ohne seine Natur zu missachten, dann muss das ein großes Glück sein!»

Am 4. April 1908 behauptete er in seinem Tagebuch: «Die Frau hat eine große Aufgabe: Sie gebiert Kinder, aber keine Gedanken, dies tun die Männer. Die Frau folgt immer nur dem, was der Mann eingebracht hat … und verbreitet es weiter. Daher erzieht der Mann die Kinder auch nur und gebiert sie nicht.» Sofia Andrejewna vermutete hinter Tolstois abschätziger Haltung gegenüber den Frauen sogar eine heimliche Homosexualität. Im Sommer 1910 hatte Tolstoi Tschertkow seine Tagebücher gegen den Willen seiner Frau übergeben und damit einen heftigen Ehestreit ausgelöst. Das Verhältnis zwischen Tschertkow und Sofia Andrejewna litt schon lange unter Spannungen: 1883 hatte der reiche Offizier aus bester Familie den Schriftsteller in Moskau aufgesucht und sich durch seine unbedingte Hingabe an die Ideale des Pazifismus, des Eigentumverzichts und der Vernunftreligion schnell Tolstois Vertrauen erworben. Durch sein Organisationstalent machte sich Tschertkow bald bei der publizistischen Verbreitung von Tolstois Ideen unentbehrlich und drängte Tolstoi – sehr zum Ärger der Gräfin –, auf alle Urheberansprüche an seinen Werken zu verzichten. Am 19. Juli 1910 notierte Sofia Andrejewna in ihrem Tagebuch, sie erkenne jetzt das «wahre Wesen der jetzigen Leidenschaft zu Tschertkow». Sie hatte eine alte Tagebuchaufzeichnung des jungen Tolstoi vom 29. November 1851 gelesen, in der er bekannte, sich oft in Männer verliebt zu haben, aber nie eine Frau geliebt zu haben.

Gegenüber seiner Tochter Tatjana fasste Tolstoi seine Misogynie in die kürzeste Formel: «Ich werde die Wahrheit über die Frauen erst sagen, wenn ich schon mit einem Fuß im Grabe stehe. Dann werde ich sie sagen, in meinen Sarg springen und den Deckel zuschlagen.»

9. Die Erschaffung einer eigenen Religion und der Konflikt mit der orthodoxen Kirche

In vielen Biographien wird von der religiösen Wende gesprochen, die Tolstoi nach der Niederschrift von *Anna Karenina* durchgemacht habe. Eine solche Deutung trifft den Sachverhalt nicht präzise. Tolstoi war schon als junger Mann ausgesprochen religiös und für mystische Erfahrungen empfänglich. Als 24-Jähriger notierte er am 11. Juni 1851 in seinem Tagebuch: «Gestern habe ich fast die ganze Nacht nicht geschlafen. Nachdem ich Tagebuch geschrieben hatte, begann ich zu Gott zu beten. Die Süße des Gefühls, das ich im Gebet verspürte, kann man nicht wiedergeben … Ich wollte mich mit dem allumfassenden Wesen vereinen, ich bat Ihn, meine Sünden zu vergeben – aber nein, ich bat nicht darum, weil ich fühlte, dass es nichts zu bitten gab und dass ich weder bitten kann noch soll. Ich dankte Ihm, aber nicht mit Worten, nicht mit Gedanken.»

Deshalb finden sich auch in seinen frühen Tagebüchern theologische Projekte, die er zunächst noch innerhalb des orthodoxen Christentums zu verwirklichen suchte. In einer Tagebuchnotiz vom 14. November 1852 heißt es: «Ich glaube an den einen, unergründlichen, guten Gott, an die Unsterblichkeit der Seele und an die ewige Vergeltung unserer Taten. Ich begreife das Geheimnis der Dreieinigkeit und die Geburt des Gottessohnes nicht, aber ich achte den Glauben meiner Väter und verwerfe ihn nicht.»

Und wie um sich selbst in dieser toleranten Haltung zu bestätigen, folgt am 13. Juli 1854 eine fast wörtliche Wiederholung dieses Eintrags unter dem Titel «Mein Gebet»: «Ich glaube an den einen allmächtigen und guten Gott, an die Unsterblichkeit der Seele und an die ewige Vergeltung unserer Taten; ich möchte an die Religion meiner Väter glauben und achte sie.»

Wenig später reicht ihm die Anerkennung der religiösen Traditionen jedoch nicht mehr.

Tolstoi will als Religionsstifter in die Geschichte eingehen. In seinem Tagebuch schreibt er am 4. März 1855: «Gestern hat mich das Gespräch über das Göttliche und den Glauben auf einen großen, umfassenden Gedanken gebracht. Ich fühle mich fähig, mein Leben seiner Verwirklichung zu widmen. Dieser Gedanke ist die Gründung einer neuen Religion, die der Entwicklung der Menschheit entspricht, eine Religion Christi, aber gesäubert vom Glauben und Geheimniskrämerei, eine praktische Religion, die keine zukünftige Seligkeit verspricht, sondern Seligkeit auf Erden gibt.»

Mit diesen wenigen Sätzen ist bereits das ganze religiöse Programm umrissen, das den Lebensinhalt des späten Tolstoi bilden wird. Nach der «Wende» wuchs also nicht das Interesse für die Religion, sondern vielmehr die Ablehnung der Staatskirche. 1878 nahm er zum letzten Mal während eines Ostergottesdienstes das Abendmahl ein. Dieses Sakrament schilderte er in äußerster Verfremdung in seiner *Beichte*: «Als ich zum Ikonostas vortrat und der Priester mich das wiederholen ließ, was ich glaube, dass nämlich das, was ich schlucken werde, der wahre Leib und das wahre Blut sei, schnitt es mir ins Herz. Das war nicht nur eine falsche Note, sondern die grausame Forderung von jemandem, der offensichtlich nie gewusst hatte, was Glauben ist.»

Der späte Tolstoi verwandte viel Kraft auf die Entlarvung der russischen Orthodoxie, die ihm das Christentum auf dreiste Weise usurpiert zu haben schien. Priester waren für ihn ausnahmslos Betrüger, die den Menschen in leeren Riten eine falsche Aussicht auf das Seelenheil vorgaukelten. Auch die kirchliche Dogmatik bezeichnete er als Anhäufung von Lügen und Fabeleien: Keinesfalls konnte er akzeptieren, dass Christus Gottes Sohn sei, von den Toten auferstanden und in den Himmel gefahren sei. Auch alle biblischen Wundertaten lehnte er als Märchen ab.

Die Reaktion der Staatskirche ließ nicht lange auf sich warten. Bereits 1886 hatte sie Tolstois religiöse Ansichten als häretisch verurteilt. Dieser Vorwurf hatte nicht nur eine konfessionelle, sondern auch eine strafrechtliche Dimension, weil Ketzerei damals in Russland als Verbrechen galt. Der Konflikt gipfelte in einem Hirtenbrief der obersten kirchlichen Behörde, in dem Tolstoi exkommuniziert wurde. Am 20. Februar 1901 stellte der Heilige Synod fest, dass die orthodoxe Kirche ihn nicht länger als eines ihrer Mitglieder anerkennen könne, solange er nicht bereue und Versöhnung suche.

Für Tolstoi bedeutete dieser Angriff nur die Bestätigung, dass er sich selbst auf dem richtigen Weg befinde. In seiner öffentlichen Antwort auf die Exkommunikation hielt er sich nicht mehr zurück und verglich den Betrug der Kirche mit einem dumpfen Mord: «Die Priester gehen wie jener Räuber vor, der eine ganze Familie von fünf oder sechs Menschen umbringt, um eine alte Unterjacke und 40 Kopeken zu erbeuten. Man hätte ihm gerne alle Kleider und alles Geld gegeben, wenn er nur nicht getötet hätte. Aber er kann nicht anders. Dasselbe gilt für die religiösen Betrüger. Man könnte zehnmal eher zustimmen, sie mit dem größten Luxus auszustatten, wenn sie nur nicht die Menschen mit ihrem Betrug ins Verderben ziehen würden. Aber sie können nicht anders. Genau das ist das Schreckliche.»

Dieses Thema beschäftigte Tolstoi bis kurz vor seinem Tod. Noch im Jahr 1909 begann er mit der Niederschrift einer Erzählung, die unter dem Titel «Aufzeichnungen eines Popen» die innere Bekehrung eines Priesters und seine Abwendung von der verlogenen Kirche zeigen sollte.

Tolstoi wusste sehr wohl um die Sprengkraft seiner Ansichten. Deshalb war er auch sorgfältig darauf bedacht, eine alternative Religion zu entwerfen. Diese Religion musste drei Anforderungen genügen. Tolstoi wollte von ihr, dass sie erstens allen Grundsätzen der Vernunft folgt, dass sie zweitens eine strikte Moral predigt und dass sie sich drittens in den Dienst einer weltumfassenden Verbrüderung aller Menschen stellt.

Der Versuch, die Inhalte des Glaubens mit den Anforderungen der Vernunft in Einklang zu bringen, gehört zu den immer wiederkehrenden Themen der russischen Religionsphilosophie. Wladimir Solowjow versuchte sein Leben lang, die Kerngehalte des Christentums mit Vernunftgründen zu rechtfertigen.

Fjodor Dostojewski rang in seinen Romanen mit den Widersprüchen eines rational begründeten Atheismus und eines authentischen Glaubens, der gleichzeitig ein Sacrificium intellectus fordert. Lew Schestow stellte dem vernunftgläubigen Athen das religiöse Jerusalem gegenüber und forderte eine neue Philosophie, die ihre Argumentation nicht in rationalen Systemen, sondern in existenzieller Betroffenheit entwickeln sollte.

Tolstoi reiht sich mit seinem vernunftgeleiteten Religionsverständnis in diese Traditionslinie ein. Bereits der neunzehnjährige Student erhob die Vernunft zum obersten Maßstab nicht nur seines Handelns, sondern auch seiner Welterkenntnis. Im Tagebuch notierte er am 17. März 1847 mit deutlichen Spuren einer unausgegorenen Hegel-Lektüre: «Man muss nur die Vernunft zu Wort kommen lassen! Sie zeigt uns, was eines jeden Bestimmung ist, sie ist es auch, die den Verkehr der Menschen untereinander regelt. Alles, was der vornehmsten menschlichen Fähigkeit, der Vernunft, gemäß ist, muss auch allem, was existiert, gemäß sein.» Als Basso continuo zieht sich die Forderung, dass auch die Religion sich dem Imperativ der Vernunft unterwerfen muss, durch Tolstois theologisches Denken. Er entwirft eine Religionsphilosophie, deren Wahrheit sich logisch beweisen lässt und deren Heilsversprechen evident ist. Auch die Selbstbekehrung von 1878 bedeutet nur einen graduellen, nicht aber prinzipiellen Einschnitt in dieser Entwicklung. Tolstois Briefe aus dieser Zeit befassen sich intensiv mit dem Zwiespalt von Vernunft und Glauben. Am 20. März 1876 schreibt er: «Ich weiß jedenfalls, dass ich je weniger glauben kann, desto mehr ich denke und dass ich, ich – falls überhaupt – nur durch ein Wunder zum Glauben komme.» Am 15. April 1876 heißt es: «Ich befinde mich mit meinen Forderungen des Verstandes und mit den Antworten, die die christliche Religion bietet, in der Situation zweier Hände, die sich aneinanderlegen möchten, deren Finger sich aber gegeneinander stemmen.» Und am 5. Februar 1877 bekennt Tolstoi, er könne «zwar ohne Religion nicht leben, aber trotzdem nicht glauben».

Tolstoi will nicht von der geforderten Rationalität der Religion abrücken, gleichzeitig sieht er aber, dass Vernunft und

Glaube kaum in Übereinstimmung gebracht werden können. Dieser Zwiespalt steht im Zentrum der *Beichte* von 1882, die nicht nur dem Publikum, sondern auch dem Autor beweisen sollte, dass eine tiefe Zäsur in Tolstois Leben stattgefunden hatte: «Ich, meine Vernunft, hatte anerkannt, dass das Leben unvernünftig sei. Wenn es keine höhere Vernunft gibt (und es gibt keine, und sie kann durch nichts bewiesen werden), so ist die Vernunft für mich der Schöpfer des Lebens. Das Leben ist alles. Die Vernunft ist die Frucht des Lebens, und die Vernunft leugnet dieses Leben. Ich fühlte, hier könne etwas nicht richtig sein.»

Die *Beichte* kann nachgerade als literarisches Experiment gelesen werden, in dem Tolstoi versucht, seine religiöse Autobiographie als logisch nachvollziehbare Erzählung zu präsentieren. Von einem ganz ähnlichen Impetus ist auch der Traktat «Über das Leben» getragen, in dem dasselbe Dilemma formuliert wird: Zwischen dem Sein und dem Sollen des Lebens tut sich ein Abgrund auf. Ausmessen kann diesen Abgrund nur die menschliche Vernunft: «Das eine Ich, die Persönlichkeit des Menschen, gebietet ihm zu leben. Das andere Ich, seine Vernunft, sagt: ‹Man kann nicht leben.› Der Mensch fühlt, dass ein Zwiespalt in sein Inneres gedrungen ist. Dieser Zwiespalt zerreißt ihm qualvoll die Seele. Und als Ursache dieses Zwiespalts und dieses Leidens erscheint ihm die Vernunft.»

Bereits hier kündigt sich Tolstois Lösung für diese Aporie an: Mensch und Gott nähern sich in der geforderten, aber noch nicht verwirklichten Vernünftigkeit des Lebens an, letztlich verschmelzen sie sogar. Tolstoi setzt seine Vergöttlichung des Verstehens gegen andere, konkurrierende theologische Konzeptionen ab. Im Entwurf eines Briefs an Afanassij Fet vom 10. Oktober 1880 schreibt er: «Das Verstehen ist Gott, und wir haben nicht das Recht, über einen anderen Gott zu sprechen. Reden über Gott in der Natur, über den Schöpfergott im Himmel, über den Willen Schopenhauers, über die Substanz Spinozas, über den Geist Hegels sind ebenso willkürlich wie unbegründet.»

Derselbe rationalistische Impetus findet sich auch in Tolstois Anmerkungen in seinem persönlichen Bibelexemplar. Der Anfang des Johannesevangeliums schien ihm mit der Formulierung «Im Anfang war das Wort» falsch übersetzt zu sein. Er strich den störenden Begriff «Wort» und ersetzte ihn durch «Verständnis» oder sogar «Verständnis des Lebens». Die Wiedergabe des neutestamentlichen «Logos» durch «Verständnis» markiert den Kern von Tolstois religionsphilosophischem Ausgleich zwischen Vernunft und Glauben.

Aus diesem Grund ging Tolstoi auch vom Ideal einer Nullhermeneutik aus: Ein religiöser Text, der nicht unmittelbar verständlich war, erschien ihm ungültig. Sein eigener Anspruch lag darin, die biblische Wahrheit so zu präsentieren, dass sie unmittelbar, ohne weitere Interpretation von Priestern, Theologen oder Kirchenfürsten, aufgenommen werden konnte. Deshalb arbeitete er in den Jahren 1880–1884 eine «Synthese und Übersetzung der vier Evangelien» aus, in der er die Überlieferungen des Neuen Testaments in einem einzigen Text zusammenfasste. Im Vorwort erklärte er die Prinzipien seiner Deutungsarbeit: «Berücksichtigen werde ich in den vier Evangelien: 1) was ich verstehe, denn niemand kann an etwas Unverständliches glauben, und das Wissen von etwas Unverständlichem ist gleich Nichtwissen; 2) was auf meine Frage antwortet, was ich bin, was Gott ist, und 3) was die wichtigste einheitliche Grundlage der ganzen Offenbarung ist. Und deshalb werde ich unverständliche, unklare und halbverständliche Stellen nicht so lesen, wie ich es will, sondern so, dass sie am besten zu den verständlichen Stellen passen und sich zu einer Grundlage zusammenfügen lassen.»

Religion ist für Tolstoi mithin gar nicht denkbar außerhalb der Grenzen der Vernunft, wie er im Traktat «Was ist Religion, und worin besteht ihr Wesen?» (1902) unterstreicht: «Religion ist die zu organisierende Beziehung des Menschen zum ewigen Leben und zu Gott, die mit der Vernunft und dem gegenwärtigen Wissensstand in Einklang steht. Sie allein bewegt die Menschheit voran zum Ziel, das ihr verheißen ist.»

Dieses Ziel stand Tolstoi immer deutlich vor Augen: die liebevolle Vereinigung der ganzen Menschheit. Auch das Mittel zur Erreichung dieses Ziels meinte er gefunden zu haben, und zwar in einem verkürzten Kanon von fünf Geboten, den er in dem Traktat «Worin besteht mein Glaube» (1884) minutiös aus den Evangelien ableitete: Zürne nicht, lebe keusch, schwöre nicht, widersetze dich dem Bösen nicht mit Gewalt, liebe deine Feinde.

Unter diesen Geboten ist das vierte das wichtigste, denn es unterscheidet Tolstoi einerseits von den meisten anarchistischen und sozialistischen Oppositionsbewegungen, die den Einsatz von Gewalt für die Errichtung einer besseren Welt befürworteten, und andererseits von der russischen Moralphilosophie seiner Zeit. Am entschiedensten trat Wladimir Solowjow gegen Tolstois Pazifismus auf und warnte vor dem nahenden Antichrist, der nur aufgehalten werden könne, wenn die christlichen Kirchen das Schisma und die Reformation überwänden und mit vereinigter Kraft gegen das Böse kämpften. In den 1880er-Jahren ersetzte Tolstoi die Religion ganz durch sein striktes Moralsystem. Gleichzeitig versuchte er selbst, seinen strengen Verhaltensregeln konsequent nachzuleben. So berichtet der Tolstoi-Anhänger Isaak Teneromo, wie Tolstoi 1888 das Rauchen aufgab, als ihm der Widerspruch zwischen dem «reinen Gespräch» über das Evangelium und dem «schmutzigen Ruß vom Rauch im Mund» klar wurde.

Gegen den Alkohol zog Tolstoi vor allem aus gesellschaftlichen Gründen zu Felde. Den Alkoholmissbrauch hatte er anschaulich in seinem Drama *Die Macht der Finsternis* (1886) geschildert. 1887 gründete Tolstoi sogar eine Abstinenzlerbewegung, die innerhalb von drei Jahren auf 1200 Mitglieder anwuchs. Tolstoi beachtete das selbst auferlegte Alkoholverbot nicht allzu streng. Der spätere tschechoslowakische Präsident Tomáš Garrigue Masaryk (1850–1937), selbst ein überzeugter Alkoholgegner, wunderte sich bei seinem Besuch in Jasnaja Poljana am 29. März 1910, dass Tolstoi Wein trank. Tolstoi begründete sein Verhalten später seinem Arzt Dušan Makovický gegenüber damit, dass er etwas nicht unterlassen wolle, weil andere es loben oder nicht gutheißen, sondern nur aus eigenem Entschluss.

Schon Mitte der Achtzigerjahre war Tolstoi zum Vegetarier geworden. Sehr zu Sofia Andrejewnas Leidwesen folgten auch die Kinder Tatjana, Maria und Lew dem Vorbild des Vaters. Die Gräfin vertrat die Ansicht, dass die vegetarische Ernährungsweise nicht ausgewogen sei und Blähungen sowie Bauchschmerzen verursache. Außerdem fand sie es kompliziert, immer zwei Menüs auf den Tisch bringen zu müssen. Für Tolstoi waren zwei Hauptgründe ausschlaggebend: Er verurteilte das Töten von Tieren und glaubte, dass zu viel Fleischkonsum die sexuelle Begierde anstachle. Im Jahr 1892 verfasste er eine lange Abhandlung *Die erste Stufe*, in der er den Verzicht auf Fleischnahrung als Anfang eines großen Friedensreiches propagierte. Erzählung und Predigt wechseln sich darin ab: Ein Kapitel schildert in aller Drastik das Abstechen von Ochsen in einem Schlachthaus in Tula, ein anderes fordert zur Selbstvervollkommnung auf.

Tolstois maximalistische moralische Ansprüche wurden allerdings von bizarren Besuchern ad absurdum geführt. So hielt ein Vegetarier Tolstoi vor, dass er reite und so das Pferd quäle. Daraufhin gab Tolstoi das von ihm geliebte Reiten für fast acht Jahre auf.

Ein weiterer Verehrer kam im Winter nur mit einem Mantel bekleidet und teilte Tolstoi mit, er lebe ohne Kleider und nehme ausschließlich Mehl und Wasser zu sich. Während dieses Besuchs reduzierte auch Tolstoi seine Mahlzeiten auf Mehl und Wasser. Der Asket verschwand allerdings mitten in der Nacht aus Jasnaja Poljana und nahm einige Gegenstände als Souvenirs mit.

Ähnliche Ansichten vertrat der siebzigjährige Schwede Abraham von Bunde, der im Sommer 1892 auf Jasnaja Poljana lebte. Tolstois Tochter Tatjana hat ihm ein ganzes Kapitel in ihren Erinnerungen gewidmet. Er war Veganer und aß nur Rohkost. Sofia Andrejewna mochte ihn nicht, weil er nicht arbeitete und andere Gäste grob angriff, wenn sie etwa rauchten. Außerdem ertappte sie ihn bei einem Nacktspaziergang beim Teich in Jasnaja Poljana, als er seine einzigen Kleider wusch. Tolstoi hingegen war von ihm beeindruckt. Am 26. Mai 1892 bezeichnete er den asketischen Alten in einer Tagebuchnotiz als seinen «Schatten»: «Dieselben Gedanken, dieselbe Stimmung, minus Sensibilität. Er sagt und schreibt viel Gutes.» Tolstoi nahm Abraham von Bunde sogar in der Gestalt eines alten Pilgers in den dritten Teil (Kapitel 21) seines Romans *Auferstehung* (1899) auf. Dort predigt der Greis einen «Glauben an sich selbst», der schließlich zur Synthese aller Konfessionen führen werde: «Es gibt viele Glaubensrichtungen, aber nur einen Geist. In dir, in mir, in ihm. Wenn also jeder an seinen Geist glaubt, dann werden sich alle vereinigen. Jeder soll sich selbst sein, dann sind alle eins.»

Tolstoi verzichtete ostentativ auf Privateigentum. Deshalb war am Gutshaus in Jasnaja Poljana eine Tafel mit der Aufschrift «Haus der Gräfin S. A. Tolstaja» angebracht. Nach seiner Lebenskrise wollte Tolstoi auch seine Einkünfte nicht mehr verwalten. Seine Frau gab ihm jeweils einen Silberrubel Taschengeld pro Tag. Davon verschenkte er das meiste als Almosen an Bettler. Als er noch rauchte, brauchte er zwanzig oder dreißig Kopeken für billigen Tabak.

Pawel Birjukow berichtet, wie Tolstoi Jahr 1894 vor dem Mitarbeiterkreis des Verlags «Der Vermittler» in einem Vortrag das richtige moralische Verhalten als Mittelweg zwischen persönlicher Vervollkommnung und gesellschaftlichem Engagement definierte. Dabei warnte Tolstoi in seinen schematischen Darstellungen gleichermaßen vor der «Sünde des Säulenheiligentums» (also der Askese um des eigenen Seelenheils willen) und der «Sünde des Sozialismus»:

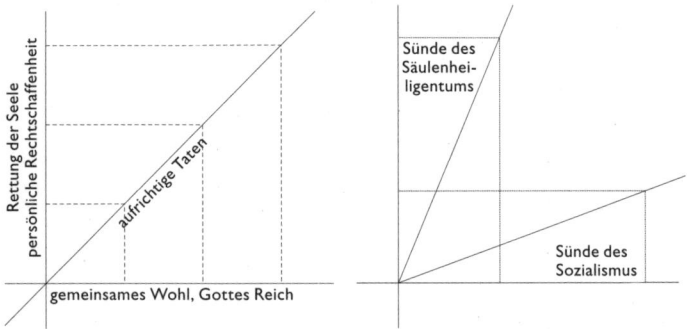

Tolstoi stellte die Moral so hoch, dass er sogar Gott selbst an strengen moralischen Maßstäben maß. In seiner «Kritik der orthodoxen dogmatischen Theologie» (1880) wandte sich Tolstoi mit aller Verve gegen die kirchliche Erlösungslehre, die aus der Paradieserzählung abgeleitet werde: «Der Gott dieser ersten Kapitel ist kein christlicher Gott, nicht einmal der Gott der Propheten und Mose, kein Gott, der die Menschen liebt, sondern ein Gott, der eifersüchtig über seine Herrschaft wacht, ein Gott, der Angst vor den Menschen hat. Und diese Geschichte über diesen Gott musste die Theologie nur noch mit dem Dogma der Erlösung verbinden, und deshalb wurde der eifersüchtige und böse Gott mit Gott Vater zusammengeführt, den Christus lehrte. Nur diese Überlegung gibt den Schlüssel zur Blasphemie dieses Kapitels.»

Gott und Mensch sind also gleichermaßen dem Imperativ der Moral unterworfen. Tolstoi ging dabei noch einen Schritt weiter: Er glaubte, dass der Mensch im moralischen Verhalten das Göttliche in sich verwirklichen könne. Deshalb versuchte er ein öffentlich sichtbares Leben zu führen, das als Vorbild für alle Menschen dienen sollte. Seine eigene Biographie erschien ihm als exemplarischer Weg aus der zivilisatorischen Vereinzelung hin zur allgemeinen Verbrüderung. Tolstois These lautete, dass Gott nicht als Weltenlenker zu verstehen sei, sondern dass jeder Mensch Gott in sich trage, ihn aber erst entdecken müsse. Diesen Prozess hat Tolstoi auch literarisch gestaltet: Am Ende des Romans *Anna Karenina* findet sich eine Szene, in der Lewin (in dessen Namen sich Tolstois eigener Vorname wiederholt) während des Mähens einer Wiese zu sich selbst und damit zu Gott findet.

Gott war für Tolstoi ein abstraktes Prinzip, das er bald mit der Liebe, bald mit dem Leben identifizierte. Die deutlichsten Aussagen zu diesem Problemkreis finden sich in der Broschüre *Gedanken über Gott*, die 1901 aus Zensurgründen in Berlin erschien: «Man sagt, man müsse Gott als Persönlichkeit verstehen. Darin liegt ein großes Missverständnis: Persönlichkeit heißt Beschränkung. Der Mensch fühlt sich als Person nur deswegen, weil er mit anderen Personen in Kontakt tritt. Wenn der Mensch allein wäre, dann wäre er keine Person. Der Hauptgrund für die Unerreichbarkeit Gottes liegt für uns darin, dass wir Ihn als einheitliches Wesen kennen – wir können ihn anders gar nicht kennen –, und gleichzeitig können wir ein einheitliches Wesen, das alles umfasst, nicht verstehen. Wenn Gott nicht einer ist, dann zerfließt Er, es gibt Ihn nicht mehr. Wenn Er aber einer ist, dann stellen wir ihn uns unwillkürlich als Persönlichkeit vor, und dann ist Er schon nicht mehr das höchste Wesen, nicht mehr alles. Doch wer Gott kennen und sich auf Ihn stützen will, muss ihn als alles ausfüllend und gleichzeitig einheitlich denken.»

Tolstois unpersönliches Gottesbild korrespondiert stark mit buddhistischen Anschauungen. Er war bereits über Schopenhauer, den er im Sommer 1869 begeistert las, in Kontakt mit dem Buddhismus gekommen. Der englische Dichter Edwin Arnold veröffentlichte 1879 unter dem Titel *The Light of Asia* eine sehr erfolgreiche poetische Nachdichtung von Gautamas Leben und machte so eine breitere europäische Öffentlichkeit mit dem Buddhismus bekannt. Eine russische Übersetzung von Arnolds Langpoem erschien 1891. Tolstoi kannte dieses Buch und nannte in seinen theologischen Traktaten immer wieder den Buddhismus unter jenen Religionen, denen er eine höhere Wahrheit zusprach als der russischen Orthodoxie. Gerade weil der Buddhismus keinen persönlichen Gott kennt und explizite Ratschläge zur Lebenspraxis gibt, erschien er Tolstoi als attraktiv. Es wäre allerdings falsch, Tolstoi als überzeugten Buddhisten zu bezeichnen. Sein Ziel lag in der Synthese aller Religionen und philosophischen Systeme. Gerade seine späten publizistischen Projekte bezeugen, dass er sich nicht zum Advokaten einer bestimmten Glaubensrichtung machte, sondern eine universelle Weltreligion schaffen wollte. Zu Beginn des 20. Jahrhunderts stellte er verschiedene Anthologien zusammen, in denen eigene literarische Stücke, Gleichnisse sowie Aphorismen von abendländischen, asiatischen und orientalischen Philosophen vereinigt waren. Damit wollte Tolstoi nachweisen, dass alle Weisen dieser Welt dasselbe predigen. Diese Textsammlungen mit den programmatischen Titeln *Für jeden Tag* oder *Lesekreis* sahen eine tägliche Lektüre vor; die einzelnen Kapitel waren nach den Daten des ganzen Jahres geordnet, auch ein Leseplan lag bei.

In theoretischer Ausprägung findet sich diese harmonisierende Tendenz vor allem im Aufsatz «Was ist Religion, und worin liegt ihr Wesen?» (1901/1902). Hier dehnt Tolstoi den Gottesbegriff so weit, dass darin sowohl das Ziel der buddhistischen Meditation als auch die Götter der monotheistischen Religionen Platz finden: «Auch wenn der Buddhismus keine Gottesdefinition gibt, erkennt er doch das an, womit der Mensch verschmilzt und worin er versinkt, wenn er das Nirwana erreicht. Also ist das, womit sich der ins Nirwana versinkende Mensch vereint, dasselbe Prinzip, das im Judentum, Christentum und Islam als Gott anerkannt wird.» Und noch im Jahr 1907 zitierte Tolstoi gegenüber dem amerikanischen Journalisten Kellogg Durland seine Lieblingsstelle aus dem zerlesenen Handexemplar von Rousseaus *Émile*: «Wenn man nur auf das gehört hätte, was Gott direkt ins Herz der Menschen sagt, dann hätte es auf der Welt immer nur eine Religion gegeben.»

Der Theologe Wassili Senkowski bezeichnet Tolstois Position treffend als «mystischen Immanentismus». Tolstoi weigert sich in der Tat, über dieser Welt ein Jenseits anzuerkennen. Gleichzeitig fordert er aber eine mystische Transzendierung des immanenten Seins, die durch Bewusstseinserweiterung erfolgen muss. Letztlich stellt sich also der religiöse Glaube nicht durch ein Wunder, sondern durch die Selbstbetrachtung der Vernunft in einer vernünftigen Argumentation ein.

Gegenüber dem bulgarischen Tolstoianer Christo Dosew entwickelte Tolstoi im Jahr 1907 ein pantheistisches Gottesbild: «Früher verwirrten mich die Worte des Evangeliums: Liebet Gott und euren Nächsten. Welchen Gott? Einen persönlichen? Wie kann ich Ihn lieben? Ich kenne Ihn nicht. Aber jetzt sind mir diese Worte so klar und verständlich, dass ich mich wundere, wie die Menschen sie nicht verstehen können und wie ich selbst sie nicht verstehen konnte. Liebe Gott, aber nicht einen Gott außerhalb deiner selbst, sondern in dir selbst, in den anderen Menschen, in den Tieren, in der ganzen Welt. Und wenn du diesen Gott liebst, wirst du auch die Menschen lieb gewinnen und alles.»

Gegenüber dem jungen Offizier Boris Mironow löste Tolstoi Gott in der Vernunft auf: «Gott ist in uns. Für mich präsentiert sich die gesamte äußere Welt als Unsinn. Wozu dieses Chaos: Die Menschen werden geboren, leben, sterben, werden wieder geboren usw.? Wenn man sogar die Lehre akzeptiert, dass die Erde ein abgerissenes, erstarrtes Stück der Sonne ist, das mit Gras, Tieren, Menschen bedeckt wurde, muss man erneut fragen: wozu das alles? Die Vernunft fordert, dass alles mit Sinn erfüllt wird. Diese Vernunft ist eben Gott.»

Und dem Bauern Wassili Morosow aus Jasnaja Poljana erklärte Lew Tolstoi sein monistisches Religionskonzept in einem einfachen Syllogismus: «Gott ist Geist, und in jedem Menschen ist dieser Geist. Und Seine Sache ist eine. Und Sein Glaube ist einer. Und Seine Liebe ist eine. ‹Ich bin Gott, ihr seid in mir. Ich bin in euch. Wer in Gott lebt, wird nicht sterben.›»

Theologische Theorie und religiöse Praxis sollten sich in Tolstois Vorstellung verschränken. Deshalb formulierte er im Vorwort zu seiner Broschüre «Kurze Auslegung des Evangeliums» (1880) auch seine eigene Version des Vaterunser:

> Der Mensch ist der Sohn Gottes.
> Gott ist das unendliche geistige Prinzip des Lebens.
> Geheiligt sei dieses Prinzip des Lebens.
> Seine Herrschaft verwirkliche sich in allen Menschen.
> Und der Wille dieses unendlichen Prinzips geschehe,
> wie in sich selbst, so auch im Fleisch.
> Das zeitliche Leben ist die Nahrung des wahren Lebens.
> Das wahre Leben ist in der Gegenwart.
> Und die Fehler und Verirrungen der Vergangenheit
> sollen nicht dieses wahre Leben vor uns verbergen.
> Und uns nicht in die Lüge führen.
> Denn so wird es kein Böses geben.
> Sondern Deine Herrschaft und Kraft und Vernunft wird sein.

Allerdings hielt Tolstoi sorgfältige Distanz zu seinen religiösen Anhängern, deren Fanatismus ihn oft abschreckte. Gegenüber seiner Tochter Tatjana bezeichnete er die Tolstoianer als jene Sekte, die ihm «am fremdesten und unverständlichsten» sei.

Kurz vor seinem Tod dehnte Tolstoi seine missionarischen Bestrebungen auch auf Kinder aus. 1907 arbeitete er an zwei Lehrbüchern mit den Titeln «Lesekreis für Kinder» und «Jesu Lehre erklärt für Kinder».

Ein letztes Mal beschäftigte sich die orthodoxe Kirche in Tolstois Todesjahr 1910 mit dem berühmten Häretiker. Die Nachricht von Tolstois Flucht aus Jasnaja Poljana machte auch in offiziellen Kreisen schnell die Runde. Der Ministerpräsident Pjotr Stolypin wandte sich an die oberste Kirchenbehörde, den Heiligen Synod, und fragte ihn, welche Maßnahmen die Kirche zu treffen gedenke. Die geistlichen Führer zeigten höchstes Interesse daran, Tolstoi «in den Schoß der Kirche» zurückzuholen, und stimmten darin überein, dass Wladimir Tschertkow das größte Hindernis dabei darstelle. In der Tat schirmte Tschertkow auf der Bahnstation Astapowo den sterbenden Tolstoi nicht nur von seiner Gattin, sondern auch von den Vertretern der russischen Kirche ab. Der Starez Warsonofi aus dem Kloster Optyna Pustyn kam zwar – im Gegensatz zum Bischof von Tula – noch rechtzeitig bei dem Sterbenden an, wurde aber nicht zu ihm vorgelassen. Warsonofi verfügte über außerordentliche Vollmachten: Wenn Tolstoi nur die kurze Formel «ich bereue» aussprächen, würde er sofort wieder in die Kirche aufgenommen werden. Dazu kam es nicht mehr – Tolstoi hatte sich in seinen letzten Lebensjahren weiter denn je vom orthodoxen Christentum entfernt. Noch auf dem Totenbett in Astapowo diktierte er seiner Tochter Alexandra einen Glaubenssatz in die Feder, in dem Gott als allumfassendes Prinzip verstanden wird. Mehr noch: Auch der Mensch ist ganz in Gott aufgehoben. Damit fällt allerdings der kategoriale Unterschied zwischen Mensch und Gott, zwischen Schöpfer und Schöpfung: «Gott ist jenes unbegrenzte Alles, von dem der Mensch sich selbst nur als begrenzten Teil erkennt. In Wahrheit existiert nur Gott. Der Mensch ist seine Erscheinung in Stoff, Zeit und Raum.»

10. Gegen Shakespeare und Beethoven –
Kunst als «Ansteckung»

Tolstois Kunstkonzeption ist eng mit seinen Ansichten über Moral und Religion verbunden. Ihren deutlichsten Ausdruck findet sie im langen Traktat *Was ist Kunst?* aus dem Jahr 1898. Dieser Summe von Tolstois Ästhetik war eine Reihe kleinerer Arbeiten vorausgegangen, so etwa ein Briefentwurf an den Herausgeber der *Künstlerischen Zeitschrift*, Nikolai Alexandrow, aus dem Jahr 1882. Bereits hier suchte Tolstoi nach einem Kriterium, «das Gute vom Schlechten in der Kunst» unterscheiden zu können. Wenig später benannte Tolstoi dieses entscheidende Merkmal in einem Essay mit dem barock anmutenden Titel «Darüber, was Kunst ist und was nicht Kunst ist, und darüber, wann Kunst eine wichtige Sache ist und wann Kunst eine leere Sache ist» (1891): Der Künstler müsse die richtige sittliche Einstellung zu seinem Gegenstand haben und sein Publikum damit «infizieren». Das gelinge allerdings auch guten Autoren nicht immer, wie Tolstoi später in seinem Vorwort (1894) zu den Werken Maupassants ausführte.

Die Abhandlung *Was ist Kunst?* bündelt schließlich Tolstois Gedanken in eine zusammenhängende Argumentation. In einer langen Einleitung lässt er alle aktuellen ästhetischen Theorien von Kant über Schiller bis Schopenhauer, von Taine über Guyot bis Renan, von Shaftesbury über Burke bis Darwin Revue passieren. Aus Tolstois Sicht sind alle existierenden Erklärungen des Schönen mangelhaft, weil sie auf eine rein ästhetische Sinnesreizung abstellen. Eine Kunst, die nur auf Genuss aus sei, verfüge aber über keinen höheren Sinn und könne deshalb auch nicht verstanden werden. Unverständliche Kunst war aber für Tolstoi nicht nur überflüssig, sondern nachgerade schädlich.

Ein prominentes Angriffsziel bot Shakespeare, dem Tolstoi 1903 sogar einen eigenen polemischen Artikel widmete. «Über

Shakespeare und das Drama» stellt eine Diatribe gegen den Begründer des psychologisierenden Theaters dar. Die Lektüre der Dramen weckte in Tolstoi nur «Abscheu», «Langeweile» und «Befremden». Er störte sich vor allem am unnatürlichen und exaltierten Verhalten der Protagonisten in Shakespeares Theaterstücken. Er warf ihm vor, die Figuren King Lear, Othello, Falstaff und Hamlet nicht nur aus fremden Quellen entlehnt, sondern auch im Vergleich zum Original durch seine Effekthascherei verdorben zu haben. Ebenfalls störte ihn die fehlende Charakterisierung durch eine individuelle Sprechweise – alle Figuren verwenden die Stimme Shakespeares. Tolstoi legte auch seine eigene Norm offen: Er forderte, dass die Handlung eines Dramas sich einerseits aus dem Charakter der Figuren und andererseits aus den gezeigten Situationen ergeben müsse.

Im Traktat *Was ist Kunst?* stehen neben Shakespeare vor allem die Parnassiens in Tolstois Visier. Er zitiert seitenweise Gedichte von Baudelaire, Verlaine und Mallarmé, um sie dann mit der Bemerkung «Das verstehe ich überhaupt nicht» vom Tisch zu wischen. In einem ähnlichen Zustand der Dekadenz befinden sich aus Tolstois Sicht auch die Malerei und die Musik. Pissarro, Manet, Monet, Renoir, Sisley sind Schmierfinken, die Farbflecken auf die Leinwand klecksen. Liszt, Wagner, Berlioz, Brahms und Richard Strauß produzieren nur Lärm, der außer Langeweile und Ärger keine Reaktion hervorruft. Diesem prekären Zustand der aktuellen Kunst hält Tolstoi sein eigenes Ideal einer gemeinschaftsstiftenden Ästhetik entgegen. Tolstoi koppelt die Kunst vom Begriff des «Schönen» ab und verpflichtet sie auf das «Gute». Nur wenn ein Künstler ein religiös wertvolles Gefühl empfinde, das die Menschen untereinander und mit Gott verbinde, dürfe er überhaupt ein Kunstwerk schaffen. Dieses Werk müsse dann die Menschen mit dem Gefühl des Künstlers «anstecken». Die Kunst ist also ein «Organ», das sich in den Dienst von Tolstois Vorstellung einer allgemeinen Verbrüderung der Menschheit stellen muss. Erreicht werden kann dieses Ziel durch die Ausbreitung der allgemeinen «Infektion» mit wertvoller Kunst.

Tolstoi selbst steckte seine gesamte Lebensenergie in die Ausbreitung einer solchen ethisch-ästhetischen Pandemie. Dazu bediente er sich modernster Medientechniken. 1884 gründete Tolstois Mitstreiter Wladimir Tschertkow den Verlag «Der Vermittler», der bis 1925 existierte. In den folgenden Jahren veröffentlichte Tolstoi hier seine Volkserzählungen und religiösen Traktate in billigen Ausgaben mit hohen Auflagen. In den ersten vier Jahren brachte «Der Vermittler» etwa 12 Mio. Broschüren unter das lesende Publikum. Zunächst wurden die Ausgaben gratis verteilt, später zu einem sehr niedrigen Preis verkauft (8 Kopeken). Der publizistische Erfolg des «Vermittlers» war nur möglich, weil Tschertkow einerseits durch die Massenproduktion den Preis der einzelnen Broschüren stark drücken konnte und weil er andererseits eine großzügige Unterstützung von 20000 Rubeln jährlich von seiner reichen Mutter erhielt.

Tolstois rabiate Abkanzelung prominenter Autoren stellt keine Alterserscheinung dar, sondern nur eine Radikalisierung von Ansichten, die sich bereits in seinen frühesten Schreibexperimenten finden. So beantwortet er etwa im kurzen Fragment «Wozu schreiben die Menschen» aus dem Jahr 1851 die Titelfrage kurz und bündig: «Um Geld oder Ruhm zu erwerben oder beides.» Konsequenterweise spricht er allen Schriftstellern jeglichen Anspruch auf moralische Besserung ihrer Leser ab. Die Tugend bestehe in der «Unterordnung der Leidenschaften unter den Verstand», die Autoren aber stachelten die Leidenschaften ihrer Leser an und trieben sie so zu unvernünftigen Handlungen. Ein spätes Echo dieser Kritik findet sich in einer Bemerkung Tolstois zu seinem englischen Übersetzer Aymler Maude (1858–1939) in den 1890er-Jahren: Eine junge Moskauer Leserin habe sehr zu seinem Missfallen erklärt, dass die Lektüre von *Krieg und Frieden* in ihr eine große Liebe zu Bällen und Abendunterhaltungen geweckt habe.

Bereits Ende 1855 hielt der Schriftsteller und Kritiker Alexander Drushinin (1824–1864) in seinem Tagebuch fest, wie Tolstoi sich äußerst abfällig über Shakespeare äußerte. Drushinin widersprach Tolstoi heftig, vor allem weil er selbst zu dieser Zeit an einer Übersetzung von *King Lear* arbeitete. Trotz dieser

Meinungsverschiedenheit teilte Tolstoi zu jener Zeit Drushinins Theorie der «reinen Kunst», die sich nicht in den Dienst der Gesellschaftskritik oder Volksaufklärung stellen dürfe. Die Ästhetik des «l'art pour l'art» schlug sich auch in Tolstois eigener literarischen Produktion nieder. Am 20. November 1854 verfasste er ein romantisches Gedicht, das deutlich in der epigonalen Tradition Lermontows steht.

> Wann endlich, wann endlich gelingt's ohne Ziel mir,
> Gelingt's mir zu leben ohne feurigen Geist,
> Im Herzen die Wunde, ach, nicht mehr zu spüren,
> Keine Mittel zu kennen, damit sie verheilt?
> Wem ich sie verdanke, es weiß es nur Gott,
> Doch peinigt sie mich seit der Kindheit,
> Als bitteres Pfand für ein nichtiges Los,
> Als quälender Schmerz und als Zweifel.

Es ist bezeichnend, dass Tolstoi solche lyrischen Ergüsse später als Jugendsünden abtat. Seine eigene Poetik beruhte ja gerade auf der rhetorischen Verfremdung des scheinbar Bekannten, nicht auf der epigonalen Nachahmung literarischer Stilmodelle. Deshalb erklärte er auch gegenüber seinem deutschen Übersetzer Raphael Löwenfeld (1854–1910), dass Reim und Rhythmus den Gedanken fesselten und dass alles, was der authentischen Formung der Idee entgegenstehe, von Übel sei. Aus diesem Grund kehrte Tolstoi auch nicht mehr zur Poesie zurück, sondern versuchte, alle sprachlichen Möglichkeiten der Prosa auszuschöpfen. Gegenüber Alexander Singer (1870–1934) unterstrich Tolstoi im Winter 1889/90 die Wichtigkeit einer innovativen künstlerischen Arbeitsweise: «Man darf es nicht so machen wie mein Freund Fet, der mit sechzehn Jahren schrieb: Das Bächlein rauscht, der Mond scheint, und sie liebt mich. Er schrieb und schrieb, und mit sechzig schreibt er: Sie liebt mich, das Bächlein rauscht, und der Mond scheint.»

Die Anhänger der «reinen Kunst» wandten sich in den 1850er-Jahren vor allem gegen die dominante «natürliche Schule», die sich den Kampf gegen gesellschaftliche Missstände auf die Fahnen geschrieben hatte. Der junge Tolstoi richtete sein eigenes literarisches Schaffen bewusst nicht nach der Tagespolitik aus, sondern versuchte, gültige Analysen des menschlichen Bewusstseins zu geben. Noch im August 1865, also mitten in der Arbeit an *Krieg und Frieden*, kritisierte Tolstoi den jungen, debütierenden Romanautor Pjotr Boborykin in einem Brief, den er jedoch nicht abschickte: «Die Fragen der Selbstverwaltung, der Literatur, der Frauenemanzipation u. Ä. treten bei Ihnen polemisch in den Vordergrund, aber diese Fragen sind in der Welt der Kunst nicht nur uninteressant, sie existieren schlicht nicht. Die Fragen der Frauenemanzipation und der literarischen Parteien erscheinen Ihnen unwillkürlich wichtig in Ihrem literarischen St. Petersburger Milieu, aber alle diese Fragen dümpeln in einer kleinen Dreckwasserpfütze vor sich hin, die nur jenen als Ozean erscheint, die vom Schicksal in die Mitte dieser Pfütze gesetzt wurden. Die Ziele der Kunst sind inkompatibel (wie die Mathematiker sagen würden) mit den sozialen Zielen. Das Ziel des Künstlers besteht nicht darin, eine Frage unfehlbar zu lösen, sondern darin, seine Leser das Leben in seinen unzähligen und unerschöpflichen Erscheinungen lieben zu lassen.»

In der *Beichte* (1882) äußerte sich Tolstoi rückblickend sehr selbstkritisch über diese ästhetische Position: «Unsere Berufung war es, die Leute zu belehren. Um uns nicht die naheliegende Frage stellen zu müssen, was wir wissen und was wir lehren sollen, erklärten wir in dieser Theorie, dass der Künstler und Dichter unbewusst lehrt … Dieser Glaube an die Bedeutung der Dichtung und an die Entwicklung des Lebens war ein Glaube, und ich war einer seiner Hohepriester. Solch ein Hohepriester zu sein war sehr vorteilhaft und angenehm.» Allerdings gilt auch für diese Selbstcharakteristik dasselbe wie für die Schilderung der religiösen Bekehrung: Tolstoi hebt den radikalen Unterschied zwischen seinen früheren und neuen Ansichten hervor, um die Bedeutung seiner eigenen geistigen Wiedergeburt zu unterstreichen. Er unterschlägt dabei, dass auch die autobiographische Trilogie und die Sewastopoler Erzählungen von einem moralischen Impetus getragen sind und dass seine späte Ästhetik in seinem literarischen Frühwerk verwurzelt ist.

Der späte Tolstoi zwang sich buchstäblich dazu, das zu verdammen, was er nicht schön finden durfte. So nannte er etwa *Anna Karenina* in einem Brief vom 26. Juni 1875 «langweilig» und «abgeschmackt». Dieses ungerechte Urteil kann nur damit erklärt werden, dass Tolstoi intuitiv die leidenschaftliche Kraft seiner Erzählung spürte, sie aber genau aufgrund dieser Qualität mit seinem kritischen Verstand ablehnte.

Tolstois ambivalentes Kunstverständnis zeigt sich am deutlichsten in seiner Haltung zur Musik. Tolstoi war sehr empfänglich für Musik; gerade seine hohe Sensibilität ließ ihm aber die Musik als gefährlichste unter allen Künsten erscheinen, weil sie die menschlichen Leidenschaften am stärksten anstachele und damit auch der verderblichen erotischen Leidenschaft am nächsten verwandt sei. Der Pianist Alexander Goldenweiser (1875–1961) berichtet, wie er mit seiner Klaviermusik den Hausherrn von Jasnaja Poljana immer wieder zu Tränen gerührt habe. Maurice Kues, der Schweizer Lehrer von Tolstois Enkel, führt in seinen Erinnerungen eine bezeichnende Ausrede an, mit der Tolstoi seine emotionale Reaktion rechtfertigte: «Die Musik ist keine göttliche Sache, sondern ein menschliches Amusement. Meine Tränen bedeuten nichts! Was wollen Sie, ich kann die Musik nicht hören, ohne zu weinen, genauso wie meine Tochter Sascha keine Erdbeeren essen kann, ohne einen Hautausschlag zu bekommen! Im Übrigen weine ich auch beim Lachen; es ist eine Sache der Nerven, es ist einfach eine Sache der Nerven.»

Tolstoi liebte Chopin und nahm seine Kompositionen sogar als künstlerisches Vorbild für sich selbst: «So muss man schreiben!» Allerdings befand sich Chopin für Tolstoi bereits auf der Grenze zur gefährlichen Aufwühlung der Gefühle, die er vor allem Wagner und Beethoven vorwarf. Für besonders verderblich hielt er die «Neunte Symphonie» und vor allem die «Kreutzersonate», die ja in Tolstois gleichnamiger Erzählung zu wilder Eifersucht und Totschlag führt. In einer Art emotionalem Selbstschutz ernannte Tolstoi Gluck, Brahms und Händel zu seinen Favoriten, weil sie so «ruhig» seien.

Auch in der bildenden Kunst schwankte Tolstoi zwischen der Begeisterung für die sinnliche Farbenpracht großer Gemälde und dem selbst auferlegten Puritanismus. Der Maler Ilja Repin (1844–1930) weist in seinen Erinnerungen *Fernes Nahes* darauf hin, dass Tolstoi eine «Schwäche für Kunst» hatte und sie «gegen seinen Willen liebte». Repin, der zahlreiche Porträts, Zeichnungen und sogar drei Büsten des Schriftstellers anfertigte, wehrte sich indes mit aller Kraft gegen Tolstois Kunsttheorie. So schrieb er ihm 1893 in einem Brief, er könne nicht glauben, dass Raffael, Wagner und Shakespeare verlogen und unbegabt seien.

Anders lag der Fall bei Nikolai Gay (1831–1894), der im Jahr 1875 selbst eine moralische Krise durchmachte, sich zeitweise von der Malerei lossagte und in der Ukraine als Bauer das Land bearbeitete. Zuvor hatte er während eines langen Italienaufenthalts vor allem religiöse Bilder gemalt. 1882 lernte er Tolstoi kennen und fand in ihm einen Geistesverwandten. Tolstoi überzeugte Nikolai Gay, dass physische Arbeit der Kunst überlegen sei. Gay ging deshalb dazu über, für die Bauern Öfen anzufertigen. Stolz berichtete er in einem Brief an Tolstoi: «Ich habe überhaupt nicht künstlerisch gearbeitet diese Woche. Ich baue einen Ofen, der noch nicht fertig ist. Diese Aufgabe ist anstrengend und schwierig. Aber ich freue mich darüber. Ich mag es, ein Arbeiter zu sein.»

Auch in der Kunst unterlag Gay Tolstois Einfluss. Tolstoi beklagte sich über das Genre des Ölgemäldes und sagte, die Farben verwirrten ihn. Gay übernahm dieses Urteil und zeichnete eine Zeit lang nur noch mit dem Bleistift.

Tolstois eigenes Kunstideal lässt sich aus einer Passage in *Anna Karenina* ableiten, in der sich der Ehebrecher Wronski als Maler versucht: «Er hatte die Fähigkeit, Kunst zu verstehen und die Kunst richtig, geschmackvoll nachzuahmen, und er dachte, dass er damit das habe, was ein Künstler brauche. Weil er sich aber nicht unmittelbar vom Leben inspirieren ließ, sondern mittelbar vom Leben, das bereits Kunst geworden war, inspirierte er sich sehr schnell und leicht; und genauso schnell und leicht erreichte er, dass das, was er malte, jenem Genre glich, das er nachahmen wollte.» Dem «Dilettanten» Wronski stellt Tolstoi den wahren Künstler Michajlow gegenüber, der die falsche Kunst sofort entlarvt: «Er wusste, dass man Wronski das sorglose Spiel mit der Kunst nicht verbieten konnte. Man kann einem Menschen nicht verbieten, sich eine Puppe aus Wachs zu machen und sie zu küssen. Aber wenn dieser Mensch mit seiner Puppe sich zu einem Verliebten hinsetzt und seine Puppe liebkost wie der Verliebte seine Geliebte, dann wird es dem Verliebten unangenehm. Ebenso unangenehm fühlte sich Michajlow beim Anblick von Wronskis Gemälde: Er empfand Spott, Ärger, Mitleid und Gekränktheit.» Michajlow selbst arbeitet an einem Gemälde mit dem Titel «Christus vor Pilatus». Zum entscheidenden Kriterium des Künstlerischen wird in *Anna Karenina* gerade das Ungekünstelte, Lebendige, Authentische der dargestellten Szene. Während Wronski sich sogar als Renaissancekünstler verkleidet, lebt Michajlow ganz seine Kunst und kümmert sich überhaupt nicht um den eigenen Erfolg oder Misserfolg.

Tolstoi hat die Episode mit Michajlow nach einer Begegnung mit dem Maler Iwan Kramskoj (1837–1887) im Jahr 1873 in den Roman eingebaut. Der Mäzen Pawel Tretjakow (1832–1898) hatte für seine Moskauer Galerie bei Kramskoj ein Tolstoi-Porträt bestellt. Nach einem zweistündigen Gespräch mit dem Künstler am 5. September 1873 willigte Tolstoi ein, Modell zu sitzen. Die fiktive Figur Michajlow kann nachgerade als Verkörperung des ästhetischen Konsenses gedeutet werden, den Kramskoj und Tolstoi in ihrem Gespräch erzielten: Wahre Kunst darf nicht auf Applaus aus sein, sondern muss aus der inneren Wahrheit des Künstlers erwachsen. Wronski kann aber nur schon deshalb kein Künstler sein, weil er sich ganz seiner verderblichen erotischen Leidenschaft mit Anna Karenina hingibt und sich mithin nicht nur für die wahre Liebe in Gott, sondern auch für die wahre Kunst disqualifiziert.

II. Tolstoi und die russische Kultur – Konkurrenz, Ruhm und Sowjetisierung

Tolstoi hatte ein kritisches Verhältnis zu den meisten Schriftstellern der russischen Literatur. Den Nationaldichter Alexander Puschkin (1799–1837) verehrte er zwar, aber nicht für die Poesie, sondern nur für die Prosa. Auch bei den Erzählungen und Romanen galt sein Lob allerdings nur dem Stil, nicht dem Inhalt. Eine nachhaltige Wirkung habe Puschkin nicht entfalten können, weil er nicht religiös gewesen sei. Damit verstieß Tolstoi bewusst gegen ein russisches Rezeptionsklischee, das vor allem den Lyriker Puschkin ins Zentrum der Aufmerksamkeit rückte. Am 19. März 1873 notierte Sofia Andrejewna in ihrem Tagebuch, dass Tolstoi unter dem Eindruck einer Puschkin-Lektüre mit einem neuen Roman – *Anna Karenina* – begonnen habe. Tolstoi begeisterte sich für die *Erzählungen Belkins*: «Ich lerne viel bei Puschkin, er ist mein Vater, und bei ihm muss man lernen.» Tolstoi konzentrierte sich außerdem auf ein wenig bekanntes Prosafragment, das mit den Worten «Die Gäste versammelten sich auf der Datscha» beginnt. Nach der Lektüre rief er aus: «Wie wunderbar! So muss man schreiben. Puschkin kommt direkt zur Sache. Ein anderer würde mit der Beschreibung der Gäste, des Zimmers beginnen, aber er führt sofort in die Handlung ein.» Tolstoi baute Puschkins Satz später in den Roman ein, im sechsten Kapitel des zweiten Teils. Mehr noch: *Anna Karenina* trug im Entwurf zu diesem Abschnitt sogar den Namen Anna Puschkina. In Tolstois Begeisterung für Puschkins lakonische Prosa spiegelt sich eine eigene Präferenz, die er in seinem Tagebuch am 16. Oktober 1853 notierte: «Keine noch so genialen Hinzufügungen können ein Werk so verbessern, wie es Ausstreichungen verbessern können.»

Tolstoi bettete sein Verständnis der Literaturgeschichte in seinen allgemeinen Heilsplan ein. In einem Brief vom 3. März 1872 skizzierte er ein Diagramm, das die Puschkinzeit als Blüte und den aktuellen Zustand als Niedergang der russischen Literatur begreift:

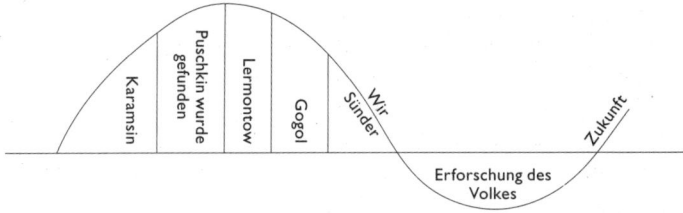

Tolstois eigene Position ist sowohl von Bescheidenheit als auch von Selbstbewusstsein geprägt. Einerseits rechnet er sich zu den «Sündern», andererseits gehört er zur Avantgarde der neuen Literatur, die «das Volk erforscht». Allein mit dieser Volksverbundenheit legitimierte Tolstoi sein literarisches Schaffen. Aufgrund dieses Kriteriums hob er sich in seiner Selbstinterpretation auch positiv von anderen Schriftstellern ab.

Von den großen russischen Romanciers war Tolstoi mit Jahrgang 1828 der jüngste: Gontscharow wurde 1812 geboren, Turgenjew 1818 und Dostojewski 1821. Es erstaunt deshalb nicht, dass der junge Tolstoi mit den bereits arrivierten Schriftstellerkollegen um die innere Rangordnung der russischen Literatur rivalisierte.

Iwan Gontscharow erfuhr diesen Verdrängungskampf am schmerzhaftesten. In den 1850er-Jahren war er mit seiner *Alltäglichen Geschichte* (1847) und *Oblomow* (1859) unangefochten der erste Romanautor Russlands: Michail Lermontow war bereits tot, Nikolai Gogol in einem religiösen Wahn, Alexander Herzen im englischen Exil und Fjodor Dostojewski in der sibirischen Verbannung. Gontscharows dritter Roman *Die Schlucht* (1869) fiel jedoch gegenüber Turgenjews *Vätern und Söhnen* (1861), Dostojewskis *Verbrechen und Strafe* (1866) und Tolstois *Krieg und Frieden* (1868) deutlich ab. Gontscharows verbitterte Reaktion nahm in der Folge durchaus pathologische Züge an: Er bezichtigte Turgenjew öffentlich des Plagiats und warf ihm vor, Szenen aus der *Schlucht* nicht nur selbst verwendet, sondern auch an Berthold Auerbach und Gustave Flaubert weitergereicht zu haben.

Tolstoi nahm seinen eigenen kometenhaften Aufstieg, der mit der autobiographischen Trilogie und den Sewastopoler Erzählungen begonnen hatte, sehr bewusst wahr. Gontscharow war für ihn nur ein «durchschnittliches Talent». 1883 äußerte er im Gespräch mit Gawrila Rusanow Mitleid mit dem «einsamen Greis», der aufgrund seiner «unbefriedigten Selbstliebe» stark leide.

Weniger klar war der Ausgang des Kräftemessens mit Turgenjew. Tolstoi lobte vor allem die frühen Prosaskizzen *Aufzeichnungen eines Jägers* und lehnte die Gesellschaftsromane des Älteren ab, weil «traurige Menschen, die nicht wissen, was sie vom Leben wollen», seiner Meinung nach überhaupt nicht schreiben sollten. Natürlich entsprachen Turgenjews *Aufzeichnungen eines Jägers* in Thematik und Form am ehesten Tolstois rigoroser Ästhetik, gleichzeitig konnte Tolstoi durch die Abwertung von Turgenjews Romanen seine eigene Stellung als erster Romanschriftsteller Russlands festigen.

Beide Autoren waren zunächst neugierig aufeinander. 1855 wohnte Tolstoi einige Zeit bei Turgenjew, der ihn begeistert aufgenommen hatte. Allerdings kühlte sich die Begeisterung bald ab: Tolstoi zechte die Nächte durch und stand jeweils erst am Nachmittag auf. Für den distinguierten Turgenjew war der lebenslustige Tolstoi ein «Troglodyt». Die Unterschiedlichkeit der Charaktere führte auch bald dazu, dass sich Tolstoi von den Protegierungsversuchen des Älteren befreite.

Auch später glich die Beziehung zwischen den beiden Schriftstellern einer Berg-und-Tal-Fahrt. Gegenseitige lobende Anerkennung und beißende Kritik hielten sich die Waage, bis Turgenjew am 12. April 1859 in einem Brief an einen Freund schrieb: «Ich habe mit Tolstoi alle offenen Rechnungen beglichen. Als Mensch existiert er für mich nicht mehr. Gebe Gott ihm und seiner Begabung alles Gute, aber ich, der ich ihn willkommen geheißen habe, will ihm jetzt nur noch Lebewohl und nicht Auf Wiedersehen sagen. Wir sind als entgegengesetzte

Pole geschaffen worden. Wenn ich eine Suppe esse und sie mir schmeckt, dann weiß ich allein nur schon aufgrund dieses Umstandes, dass Tolstoi sie nicht mag – et vice versa.»

Im Frühjahr 1861 kam es zum fatalen Zusammenstoß zwischen den beiden Schriftstellern. Tolstoi hatte einen Zwischenhalt auf Turgenjews Landgut eingelegt, wo ihm Turgenjew aus dem Manuskript seines neuesten Romans *Väter und Söhne* vorlesen wollte. Tolstoi schlief allerdings während des Vortrags ein. Kurz darauf fuhren beide zu Afanassij Fet, wo es zu einem Streit über die Erziehung von Turgenjews Tochter kam. Turgenjew hatte erzählt, dass die Tochter auf Geheiß der englischen Gouvernante Kleider armer Leute einsammle, sie eigenhändig flicke und nachher wieder zurückgebe. Tolstoi nannte dies eine «unaufrichtige Inszenierung» von Wohltätigkeit, worauf Turgenjew explodierte und Tolstoi androhte, er haue ihm «in die Fresse». Tolstoi forderte darauf eine schriftliche Entschuldigung, die er auch in gewundenen Formulierungen bekam. Die Affäre hatte noch ein Nachspiel, weil Tolstoi andeutete, Turgenjew traue sich möglicherweise nicht, mit Pistolen gegen Tolstoi anzutreten, worauf Turgenjew seinerseits Tolstoi ein Duell androhte. Erst sechzehn Jahre später kam es zu einer Versöhnung zwischen den beiden Schriftstellern.

Trotzdem blieb Turgenjew für Tolstoi weiterhin eine literarische Autorität. Am 23. Januar 1865, nachdem er den ersten Teil von *Krieg und Frieden* abgeschlossen hatte, schrieb er an Fet: «Schreiben Sie mir Ihre Meinung bitte detailliert. Außerdem ist mir noch eine Meinung wichtig, die Meinung eines Mannes, den ich desto weniger liebe, je größer ich selbst werde – die Meinung Turgenjews.» Turgenjew zeigte sich zwar von einzelnen beschreibenden Szenen beeindruckt, lehnte aber Tolstois ethische und philosophische Exkurse ab.

Tolstoi wollte sich in dieser Zeit auch in die Debatte um den Nihilismus einmischen, die Turgenjew mit seinem Roman *Väter und Söhne* angestoßen hatte. Er verfasste 1866 das Theaterstück *Die Nihilisten,* zerstörte es aber wieder, nachdem der führende Dramatiker Alexander Ostrowski von einer Aufführung abgeraten hatte.

Die Lebenskrise veranlasste Tolstoi, alten Feindschaften ein Ende zu setzen. So verfasste Tolstoi am 5. April 1878 einen versöhnlichen Brief, der von Turgenjew auch sofort erwidert wurde. In den folgenden Jahren hielt es Turgenjew für seine Aufgabe, Tolstoi von seinen religiösen Beschäftigungen loszureißen. Noch vom Totenbett richtete der an Rückenmarkkrebs erkrankte Turgenjew am 28. Juni 1883 einen berühmten Brief an den «großen Schriftsteller der russischen Erde» und rief ihn auf, zur «literarischen Tätigkeit zurückzukehren».

Bereits anlässlich der Moskauer Puschkinfeier von 1880, die als eine Art Selbstbewusstwerdung der russischen Nationalliteratur gelten darf, war Turgenjew eigens nach Jasnaja Poljana gereist, um Tolstoi zur Teilnahme zu überreden. Tolstoi arbeitete damals jedoch gerade an der Übersetzung und Synthese der vier Evangelien. Im Vergleich zu seinem religiösen Engagement erschien ihm das Literaturfestival so unbedeutend, dass er absagte. Turgenjew war sehr enttäuscht, und auch die literarische Öffentlichkeit Russlands konnte Tolstois Verhalten nicht nachvollziehen. Immer öfter machten Gerüchte die Runde, Tolstoi sei verrückt geworden. Später bereute Tolstoi seinen Entschluss, zumal es für ihn die letzte Gelegenheit gewesen wäre, Dostojewski persönlich kennenzulernen, der mit seiner Puschkinrede während des Großanlasses Triumphe feierte, aber kurz darauf verstarb.

Dostojewski und Tolstoi hätten sich bereits im Jahr 1878 treffen können, als beide am 10. März eine Vorlesung von Wladimir Solowjow über das «Gottmenschentum» hörten, einander aber nicht vorgestellt wurden (Tolstoi war gar nicht mit dem Vortrag einverstanden und nannte ihn «kindischen Unsinn» und den «Wahn eines Verrückten»).

Der religiös interessierte Dostojewski hatte aus der Sicht des späten Tolstoi zwar gute Voraussetzungen, die er aber in seiner nationalistisch-messianistischen Weltsicht vergeudete. Tolstoi forderte ja gerade eine Verbrüderung aller Nationen und Konfessionen, während Dostojewski glaubte, dass «die Wahrheit im Osten aufgehen» werde: Das heilige Russland und die orthodoxe Kirche sollen als leuchtendes Vorbild die Welt erlösen und alle konkurrierenden Glaubensinhalte wie Katholizismus, Sozialismus oder Atheismus (die für Dostojewski eng miteinander verwandt waren) als satanische Lügengebäude entlarven.

Tolstois fasste sein Urteil über Dostojewski Alexander Singer gegenüber in eine kurze Formel: «Dostojewski konnte nie schreiben, weil er immer zu viele Gedanken hatte, er musste zu viel sagen. Und trotzdem ist Dostojewski – wahres Künstlertum.» Und gegenüber dem Sekretär Nikolai Gusew lautete das Verdikt noch nüchterner: «Seine Werke weisen den Mangel auf, dass er immer gleich alles sagt und es dann weiter nur noch verschmiert. Vielleicht tat er das, weil er Geld brauchte.» Im Gespräch mit dem Juristen Anatoli Koni meinte Tolstoi 1887, das sich in jedem literarischen Werk drei Elemente unterscheiden lassen: der Inhalt, die Liebe des Autors zu seinem Gegenstand und die Technik. Bei Turgenjew gebe es wenig Inhalt, dafür aber eine große Liebe zum Gegenstand und eine ausgezeichnete Technik. Bei Dostojewski sei ein enormer Inhalt vorhanden, aber überhaupt keine Technik.

Deshalb hielt Tolstoi die fast dokumentarischen *Aufzeichnungen aus dem Totenhaus* für Dostojewskis bestes Werk. Der Roman *Verbrechen und Strafe* sei zwar am Anfang gut, alles Weitere biete aber keine Überraschung mehr. Die *Brüder Karamasow* mochte Tolstoi 1883 nicht einmal zu Ende lesen. Gegen Ende seines Lebens änderte Tolstoi seine Einstellung jedoch. Zwar erschienen ihm die *Brüder Karamasow* immer noch nicht «als das», wie er am 11. Februar 1910 notierte. Er zeigte sich aber von der «Großinquisitorlegende» und dem Abschied des Starzen Sossima beeindruckt, obwohl beide Kapitel «ungeschickt» geschrieben seien. Möglicherweise löste die erneute Lektüre sogar Tolstois letzte Flucht aus – auf seinem Arbeitstisch ließ er die *Brüder Karamasow* an jener Stelle aufgeschlagen liegen, wo der Sossima vor der «Hölle und dem höllischen Feuer» als Folge des falschen Lebens warnt. Dostojewskis Roman war Tolstoi so wichtig, dass er unterwegs seine Tochter Tatjana bat, ihm den zweiten Band der *Brüder Karamasow* nachzuschicken.

Umgekehrt maß sich Dostojewski selbst an Tolstoi und wollte mit seinem nie vollendeten Romanprojekt *Das Leben eines gro-*

ßen Sünders ein eigenes Pendant zu *Krieg und Frieden* schaffen, wie er in einem Brief vom 25. März 1870 ankündigte. Und in den Entwürfen zum *Jüngling* (1875) bekennt Wersilow unter deutlicher Anspielung auf Tolstoi, dass sein Lieblingsschriftsteller in der russischen Literatur ein «Psychologe der adligen Seele» und ein «Historiograph der Kulturträger» sei.

Dostojewski verkehrte aber durchaus auf Augenhöhe mit Tolstoi. Am 20. Dezember 1874 beklagte er sich in einem Brief an seine Frau, dass Tolstoi für seine *Anna Karenina* ohne Weiteres «f ü n f h u n d e r t Rubel» pro Druckbogen bekomme, während er schon um 250 Rubel kämpfen müsse. Später, als Tolstoi bereits auf seine Autorenrechte verzichtet hatte, drehte sich das Verhältnis indes um: Sofia Andrejewna Tolstaja beriet sich im Februar 1885 mit Dostojewskis geschäftstüchtiger Witwe Anna Grigorjewna über die Margen für die Buchhändler, die nur gerade 5% des Ladenpreises von Dostojewskis Büchern erhielten.

Dostojewski hatte es sich auch nicht nehmen lassen, Tolstois Roman in seinem «Tagebuch eines Schriftstellers» zu rezensieren. In der Juli/August-Ausgabe des Jahres 1877 anerkannte er zwar *Anna Karenina* als eigenständige russische Kulturleistung, kritisierte aber den positiven Helden Lewin, der sich ganz in seiner imaginären Liebe zum russischen Volk einpuppe. Diese Haltung muss vor dem Hintergrund der damaligen Tagesaktualität gedeutet werden: Dostojewski begrüßte das militärische Engagement Russlands im bulgarischen Befreiungskampf gegen das Osmanische Reich, weil er darin sein eigenes Ideal einer panslawistischen Verbrüderung unter russischer Führung verwirklicht sah. Tolstoi hingegen rief publizistisch zum Frieden auf – auch Lewin machte sich aus Dostojewskis Sicht ebendieses Quietismus schuldig.

Für Tolstoi blieb Dostojewski eine widersprüchliche Gestalt. In einem Brief vom 30. September 1883 fällte er ein höchst ambivalentes Urteil über Dostojewski: «Alle haben seine Bedeutung übertrieben, und zwar nach einer bestimmten Schablone, indem sie ihn zu einem Propheten und einem Heiligen erklärt haben – einen Menschen, der mitten in einem erhitzten inneren Kampf zwischen Gut und Böse gestorben ist. Er ist bewegend, interessant, aber man darf einem Menschen, der ganz Kampf ist, für die Nachwelt kein Denkmal setzen. Und trotzdem tut es mir leid, dass ich ihn nicht kannte ...»

Anton Tschechow (1860–1904) besuchte Tolstoi erstmals am 8. August 1895 in Jasnaja Poljana. Er hatte lange gezögert, bevor er sich zu diesem Schritt entschloss. In einem Brief vom 11. Dezember 1891 nannte er Tolstoi «keinen Menschen, sondern ein Menschentum» – und gegenüber Iwan Bunin bekannte Tschechow, der Gigant der russischen Literatur flöße ihm nachgerade Angst ein. Tolstoi empfing ihn jedoch freundlich und gab ihm sogar das Manuskript des neuen Romans *Auferstehung* zur Lektüre. Seinem Sohn schrieb Tolstoi am 4. September 1895: «Tschechow war hier und hat mir gefallen. Er ist sehr begabt, und sein Herz muss gut sein, aber bis jetzt hat er keinen eigenen Standpunkt.» Ein akzeptables Heilsprogramm und ein verständlicher Stil waren für den späten Tolstoi die beiden Hauptkriterien für die Qualität eines literarischen Textes. Immer wieder monierte er Tschechows überflüssige «Rhetorik», vor allem bei den Dramen. Tschechow selbst berichtete Iwan Bunin von einer bezeichnenden Episode. In Gaspra am Schwarzen Meer, wo sich Tolstoi und Tschechow im Jahr 1901 zur Kur aufhielten, verabschiedete sich Tolstoi eines Abends mit einer Mischung aus Zuneigung und Kritik von seinem Dichterkollegen: «Er hält meine Hand und sagt: – Küssen Sie mich. Und nachdem ich ihn geküsst habe, beugt er sich schnell zu meinem Ohr und flüstert hastig mit greisenhafter Energie: Ihre Dramen kann ich nicht ausstehen. Shakespeare schrieb miserabel, aber Sie noch schlechter ...» Gnädiger war Tolstois Urteil über Tschechows Erzählungen, die er jedoch in Kunstwerke «erster» und «zweiter» Wahl unterteilte – Tolstois Sohn Ilja teilte Tschechow diese beiden Listen am 25. Mai 1903 brieflich mit. Am besten gefiel Tolstoi die Erzählung «Seelchen», die er sogar mit einem eigenen Nachwort in seinen *Lesekreis* aufnahm. Tschechow schildert in diesem Text die tragische Geschichte einer selbstlosen Frau, die drei Liebschaften hat und sich jeweils ganz dem Leben des Mannes anpasst. Allerdings erlaubte sich Tolstoi einige Eingriffe in Tschechows Text; so ließ er etwa eine durchaus züchtige Schilderung einer Hochzeitsnacht einfach weg: «Und als er – wie es sich gehört – ihren Hals und die vollen gesunden Schultern erblickte, klatschte er in die Hände und sagte: – Seelchen!» In seinem Nachwort präsentierte Tolstoi Tschechows Erzählung als ein Selbstmissverständnis des Autors: Tschechow habe seine Stimme in der Frage der Frauenemanzipation erheben und in «Seelchen» eine Frau porträtieren wollen, die alles ebenso gut könne wie die Männer. Allerdings seien die Frauen zur Liebe prädestiniert, und die Darstellung genau dieser Bestimmung sei Tschechow «unbewusst» gelungen.

Ebenfalls in Gaspra traf Tolstoi auch mit dem jungen Maxim Gorki (1868–1936) zusammen. In seinem Tagebuch notierte er am 2. November 1901: «Ich freue mich, dass mir sowohl Gorki als auch Tschechow gefallen, vor allem Ersterer.» Deutlicher wurde Tolstoi in einem Brief vom 30. November 1901: «Ich sehe hier Tschechow, er ist ein vollkommen Gottloser, aber ein guter, und Gorki, in dem es viel mehr Fond gibt, auch wenn man ihn zu sehr gelobt hat.» Auch bei dieser Bekanntschaft hatte Gorki den ersten Schritt gemacht und Tolstoi am 13. Januar 1900 besucht. Zu diesem Zeitpunkt hatte Gorki mit seinen romantisch-heroischen Erzählungen und einem Roman bereits erste Erfolge feiern können. Tolstoi freute sich, in Gorki, der in der Tat aus ärmsten Verhältnissen stammte, einen richtigen Volksschriftsteller kennenzulernen, verhielt sich aber distanziert zu seiner Prosa. Gorki nahm Tolstois Reserviertheit durchaus wahr. In seinen *Erinnerungen an Lew Nikolaiewitsch Tolstoi* (1919) schrieb er: «Sein Interesse an mir ist ein ethnologisches Interesse. Ich bin in seinen Augen ein Angehöriger eines Stammes, den er wenig kennt – das ist alles.» Der Standesunterschied zwischen Tolstoi und Gorki bildete ein ständiges Hindernis. Tolstois Arzt in Gaspra, Konstantin Wolkow (1871–1938), berichtet eine bezeichnende Episode: Tolstoi lobte in Gorkis Gegenwart mit Nachdruck eine Szene aus dem Roman *Der Büttnerbauer* (1895) des deutschen Heimatschriftstellers Wilhelm von Polenz (1861–1903): Eine Bauersfrau, die von ihrem betrunkenen Mann blutig geschlagen worden ist, bettet später seinen Kopf sanft auf ein Kissen. Dieses Handlungselement erschien Tolstoi so bedeutend, dass er sogar ein Nachwort zur russischen Übersetzung dieses Romans verfasste, der ihm den Gipfel der Kunst zu verkörpern schien. Gorki schwieg während Tolstois Ausführungen, bemerkte aber auf dem Heimweg zu Wolkow: «Ein Kissen unter dem Kopf ... Eine Handvoll Stroh unterm Kopp hätte es auch getan ...» Umgekehrt fielen Gorkis fehlende Manieren negativ auf. Während eines Abendessens am 8. Oktober 1900 in Jasnaja Poljana ärgerte sich Sofia Andrejewna darüber, dass Gorki sich immer wieder mit den Fingern durch die Haare fuhr, auf seinem Sessel herumrutschte und mit dem Besteck spielte.

Literarisch kritisierte Tolstoi an Gorki im Grunde genommen dasselbe wie an Dostojewski: zu viel Pathos und ein falsches Heilsprogramm. Kurz vor seinem Tod, am 23. November 1910, bezeichnete Tolstoi in seinem Tagebuch Gorki als «schädlichen Autor», der zwar über ein «großes Talent» verfüge, dabei aber alle «religiösen, d. h. das Leben verstehenden Überzeugungen» vermissen lasse. Fatal sei sein Einfluss in der «gebildeten Welt», die in ihm ihren Fürsprecher sehe und deshalb noch tiefer in ihrer Irrlehre versinke. Tolstois besonderen Zorn zog Gorkis «Gotterbauertum» auf sich: In einer positiven Umdeutung von Feuerbachs Religionskritik verkündete Gorki einen durch menschliche Projektion entstandenen Gott, der erst durch den kollektiven Glauben überhaupt seine Existenz erlange. In einem solchen Gott würde dann das Volk seine eigene göttliche Dimension anbeten. Tolstoi maß das «Gotterbauertum» an seiner eigenen Gleichung «Gott ist die Liebe und das Leben» und kritisierte die fehlende Aufmerksamkeit für die Natur und für das individuelle Dasein in Gorkis Lehre. Übrigens verdammte auch Lenin als überzeugter Atheist das «Gotterbauertum», weil es sich neben der traditionellen Orthodoxie nur wie ein «gelber» neben einem «blauen Teufel» ausnehme. Gorki seinerseits äußerte sich am unmissverständlichsten über Tolstoi in einem Gespräch mit dem Ökonomen Nikolai Walentinow (1879–1964): «Worin besteht der Untergang Tolstois? Er begann, miserable theologische Unterweisungen zu schreiben, die Gewaltlosigkeit und die Unterwerfung unter den Willen Gottes zu predigen, andauernd über den Tod zu sprechen und sich selbst mit dem Vegetarismus zu züchtigen. Aber wissen Sie, wer Tolstoi in Wahrheit war? Der heidnische Gott Pan. Er müsste sich die Hüften mit einem Fell umgürten, mit einem etwa hundert Pfund schweren Stock in den träumenden Wäldern leben, mit Bären kämpfen, mit dem Stock den Kopf eines Wolfes zerschmettern. Niemand konnte besser als er beschreiben, wie das Gras, die Bäume, die Haine, die Waldbeeren riechen. Erinnern Sie sich an seine Nase: Gigantische offene Nüstern, die alle uns unzugänglichen Gerüche einsogen. Ich sehe deutlich, wie Tolstoi – ein gigantischer, nackter, mit Haar bewachsener Gott Pan – zum Fluss geht, in dem Mädchen baden, und von seinem Ufer aus lacht, kichert und lockt: Hey, Mädchen, schwimmt zu mir, wie viel ihr auch sein mögt, zwanzig, dreißig, alle kann ich befriedigen, ich habe genügend Kraft für alle.»

Der vielleicht bedingungsloseste Bewunderer Tolstois unter den russischen Schriftstellern war Iwan Bunin (1870–1953). Der schüchterne Jüngling tastete sich an den großen Dichter heran, schickte ihm seine Gedichte, ritt sogar auf dem Pferd nach Jasnaja Poljana los, kehrte aber auf halbem Weg wieder um. Als er sich endlich ein Herz fasste und bei Tolstoi vorsprach, war er unendlich enttäuscht über die wenigen Floskeln, die er mit dem berühmtesten russischen Autor austauschen konnte. Bunin sah Tolstoi persönlich nur dreimal kurz in Moskau: 1894, 1895 und 1901. Gegenüber dem Kritiker Georgi Adamowitsch bekannte Bunin: «Ich mag es nicht, Tolstoi zu besuchen ... Ich finde es erschreckend, bei ihm zu sein. Tolstoi ist so kolossal, so anspruchsvoll ... Jedes Wort, das er sagt, trägt das Siegel seines Charakters. Ich war verloren wie ein Schulbub.» Bunin erblickte zeitlebens in Tolstoi sein Idol. Als Vladimir Nabokov ihm 1927 gestand, er habe die *Sewastopoler Erzählungen* nie gelesen, geriet Bunin außer sich vor Wut. Es war für ihn unvorstellbar, dass ein russischer Schriftsteller eine solche Bildungslücke aufweisen konnte. Später, im Jahr 1937, widmete Bunin seinem großen Vorbild sogar ein eigenes Buch mit dem Titel *Tolstois Befreiung*. Bunin greift hier Tolstois eigene Unterteilung seines Lebens in Siebenjahresperioden

auf. Gleichzeitig wird aber deutlich, dass Bunin mit dem Tols-
toi-Buch letztlich seine eigene Autobiographie schreibt. Immer
wieder spiegelt Bunin sein eigenes Leben in der Biographie des
berühmten Autors. Dabei sind verschiedene Elemente wichtig:
Beide durchlebten im Alter von 49 Jahren eine große Krise:
Tolstoi wurde zu einem religiösen Denker, Bunin musste vor
den Bolschewiki aus Russland fliehen. Bunin komponierte auch
seinen autobiographischen Roman *Das Leben Arsenjews* deutlich nach dem Modell von Tolstois *Kindheit*, *Jünglingsjahre*,
Jugend. Schließlich teilten beide Schriftsteller eine Obsession
vom Tod, den sie immer wieder in aller Drastik literarisch ge-
stalteten. Bunins Hauptthese besteht genau darin, dass Tolstoi
sich durch seine geistige Sinnstiftung von den Zwängen seines
unerträglichen Lebens «befreit» habe – und als eine solche Be-
freiungsaktion darf auch Bunins eigene literarische Tätigkeit
gelten. Eine seltsame Laune des Schicksals wollte es, dass Bunin
und Tolstoi beide starben, kurz bevor sie ihr zwölftes Sieben-
jahresintervall vollenden konnten.

Spätestens nach dem triumphalen Erfolg seiner großen Romane war Tolstoi zu einer öffentlichen Figur geworden. Auch
das noch junge Kino versuchte ihn vor die Kamera zu bekommen. Eine Gelegenheit bot sich im Jahr 1908 anlässlich des ach-
zigsten Geburtstags des berühmten Grafen. Ein Petersburger
Kinobesitzer sponsorte eine Reise nach Jasnaja Poljana, wo der
kranke Schriftsteller auf der Veranda seines Hauses gefilmt
wurde. Im Jahr darauf wurden noch zwei weitere kurze Filme
gedreht, die Tolstoi auf einer Bahnstation und in Moskau zeigen. Die kurzen Aufnahmen wurden mit Erfolg in vielen russischen Städten gezeigt. Tolstoi war zurückhaltend mit seinen
Auftritten, während Sofia Andrejewna die Arbeit der Kameraleute nach Kräften unterstützte, weil sie ihren berühmten Mann
auch in Alltagssituationen verewigt sehen wollte. Der Schriftsteller Leonid Andrejew überredete allerdings Tolstoi bei einem
Treffen am 21. April 1910, die Massenwirkung des Kinos auch
für die Verbreitung seiner eigenen Ideen einzusetzen. Tolstois
Sekretär Walentin Bulgakow berichtet, wie Tolstoi nach einigem
Zögern einwilligte: «Ich habe mich entschlossen, für den Kine-

matographen zu schreiben. Denn so etwas verstehen die großen Massen, und dazu noch über die Nationsgrenzen hinweg. Und hier kann man nicht vier oder fünf, sondern zehn, fünfzehn Akte schreiben. Aber es braucht natürlich einen Vorleser, der den Text präsentiert. Ohne Text geht es nicht. Ich werde unbedingt etwas schreiben, wenn ich es noch schaffe …»

Zu einem der ersten Medienereignisse in Russland wurde Tolstois Tod im Jahr 1910. Kaum war die Nachricht bekannt geworden, schickten alle russischen Kinofirmen ihre Kameraleute nach Astapowo. Gefilmt wurden die Hinterbliebenen, die Trauerprozession und natürlich die Menschenmassen, die Spalier standen. Gleichzeitig entsandte man auch Kamerateams nach Jasnaja Poljana, wo Tolstois Pferd, sein Haus, seine Lieblingsorte gefilmt wurden. Allein in den ersten drei Tagen nach der Entwicklung der Negative konnten die zwei führenden Firmen Pathé und Chanshonkow über 500 Positivkopien ihrer Filme verkaufen.

Aus Anlass von Tolstois achtzigstem Geburtstag hatte sich in Petersburg eine Gesellschaft formiert, die ein Literaturmuseum für den Schriftsteller einrichten wollte. An Ausstellungsgegenständen mangelte es dem Komitee nicht: Man hatte Autographen, Erstausgaben und Übersetzungen in großer Zahl zusammengetragen. Es gab auch genügend Photographien, Gemälde, Zeichnungen und Büsten. Dazu kamen ein von Tolstoi genähtes Hemd und ein selbst geschustertes Paar Stiefel. Sogar ausgefallene Gegenstände wie Tolstoi-Aschenbecher, Tolstoi-Federmesser oder Tolstoi-Zigarrendosen waren im Inventar verbucht. Das Tolstoi-Museum in Petersburg konnte allerdings nicht realisiert werden, weil die Regierung aus naheliegenden Gründen das Projekt nicht unterstützen wollte und die privaten Spenden sehr bescheiden ausfielen.

Dafür organisierte die Moskauer Historische Gesellschaft 1911 eine Tolstoi-Ausstellung, die ein Jahr später zur Gründung eines Tolstoi-Museums führte. Wladimir Tschertkow übergab im Jahr 1913 sein Tolstoi-Archiv der Petersburger Akademie der Wissenschaften. 1926 wurde es in das Tolstoi-Museum überführt, das bis heute alle Manuskripte aufbewahrt.

Der Maler Ilja Repin forderte 1916 in einer feurigen Rede im Tolstoi-Museum die Errichtung eines Denkmals für Tolstoi. Dazu fehlten im kriegsgeprüften Russland nicht nur die Mittel, sondern es gab auch Widerspruch von den Tolstoi-Anhängern: Es sei unmöglich, alle Seiten Tolstois in einer Figur auszudrücken. Außerdem müsse sein Traum einer Existenz als weltvergessener Eremit respektiert werden.

Tolstois Werke konnten relativ unkompliziert in das sowjetische Literatursystem integriert werden. Lenins Aufsatz «Tolstoi als Spiegel der Revolution» (1908) definierte die offizielle Perspektive auf den streitbaren Autor, der in seinem Spätwerk immer wieder die Konfrontation mit allen staatlichen und kirchlichen Institutionen gesucht hatte. Lenin deutete Tolstois Romane als umfassende Anklage gegen die gesellschaftlichen Missstände im zaristischen Russland. Es ist deshalb kein Zufall, dass Tolstoi als erster russischer Autor in der Sowjetunion eine kommentierte akademische Gesamtausgabe (90 Bände, 1928–1957) erhielt – noch vor Puschkin, dessen Gesamtausgabe erst im Jubiläumsjahr 1937 gestartet werden konnte und aus ideologischen Gründen ohne Kommentare erscheinen musste.

Die Koalition des Herausgeberteams der großen Tolstoi-Ausgabe mutet seltsam an. Auf bolschewistischer Seite engagierte sich vor allem der erste Volksbildungsminister Anatoli Lunatscharski, auf der Seite der Tolstoianer trat der Nachlassverwalter Wladimir Tschertkow in Erscheinung. Tschertkow hatte zielstrebig darauf hingearbeitet, die Kontrolle über Tolstois Archiv zu erhalten. Sofia Andrejewna beobachtete misstrauisch alle Schachzüge Tschertkows, der bewusst einen Keil zwischen Tolstoi und seine Familie trieb. Am 31. Juli 1910 brachte er Tolstoi dazu, ihn in einem Testament zum alleinigen Herausgeber seiner Werke zu bestimmen. In der Folge unternahm Tschertkow alles, um dieses Dokument vor der Familie geheim zu halten. Er schreckte nicht einmal davor zurück, kurz vor Tolstois Tod ein Telegramm zu fälschen: Im Namen der Tochter Alexandra kabelte er an den Sohn Sergei, er solle nicht nach Astapowo zum sterbenden Vater kommen. Später versuchte Tschertkow immer wieder den Eindruck zu erwecken, dass

Tolstoi ihn ohne sein Wissen und Zutun zum Nachlassverwalter eingesetzt habe.

Auch Tolstois Entourage verhielt sich immer skeptischer gegenüber Tschertkow. Der Arzt Dušan Makovický warnte den letzten Sekretär Walentin Bulgakow bei seinem Amtsantritt: «Tschertkow kann Menschen, die er braucht, sehr gut ausnutzen, aber nachher wirft er sie ohne Gewissensbisse fort wie eine ausgequetschte Zitrone.» Bulgakow ging sogar noch weiter und verfasste eine Charakteristik Tschertkows unter dem Titel «Der böse Genius des Genies». Darin porträtierte er Tschertkow als Usurpator von Tolstois Lebensprojekt und bezeichnete ihn als «Papst einer kleinen Kirche» sowie als «Generalgouverneur des Tolstoianertums». Seine «Herrschsucht», die bisweilen in Despotie ausarte, sei auf seine «Liebe zur Liebe der Menschen» zurückzuführen. Tschertkow kaufte sich sogar Anerkennung, indem er jungen Arbeitslosen zehn Rubel im Monat bezahlte, damit sie als seine Anhänger auftraten.

Pawel Birjukow wies Tolstoi am 1. August 1910 darauf hin, dass es falsch sei, sein Testament vor der Familie geheim zu halten. Unter dem Eindruck dieses Gesprächs teilte Tolstoi Tschertkow am Tag darauf mit, er bereue seine letztwillige Verfügung – was Tschertkow natürlich nur noch zu größerer Wachsamkeit veranlasste. Wie sehr sich Tolstoi unter Tschertkows Einfluss befand, zeigt seine abermalige Kehrtwende in einem Brief vom 12. August, in dem er wieder Tschertkows Sicht der Dinge übernahm.

Auch die jüngste Tochter Alexandra, ursprünglich Tschertkows engste Verbündete, ging nach dem Tod ihres Vaters auf Distanz. In einem Brief vom 10. Januar 1914 wechselte sie vom «Du» zurück zum «Sie» und kritisierte Tschertkow für seine Pläne, Tolstois Werke möglichst gewinnbringend zu publizieren. Während dieser Zeit brachte Alexandra Tschertkow so wenig Vertrauen entgegen, dass sie alle Treffen mit ihm protokollierte.

Tschertkow arbeitete unbeirrt und energisch an der Verbreitung von Tolstois Werk. Alles, was Tolstoi nach 1880 geschrieben hatte, wurde nach England geschickt, wo Tschertkow von 1897 bis 1905 im Exil lebte. In Christchurch bei London hatte

Tschertkow ein eigenes feuerfestes Archivgebäude für Tolstois Handschriften errichten lassen und eine Reihe von freiwilligen Mitarbeitern mit der Abschrift, Systematisierung und Erforschung der Manuskripte beauftragt. Es ist nicht auszuschließen, dass Tschertkow während dieser Zeit auch mögliche negative Äußerungen Tolstois über seine eigene Person aus dem Archiv getilgt hat.

Am 8. September 1920 kam es zwischen Lenin und Tschertkow zu einem persönlichen Treffen, bei dem die Editionsprinzipien der geplanten Tolstoi-Ausgabe (keine Zensur und freier Nachdruck) besprochen wurden. 1924 sicherte auch Stalin Tschertkow in einem Gespräch seine Unterstützung für dieses Projekt zu. Tschertkows Zusammenarbeit mit den Bolschewiki darf aber nicht darüber hinwegtäuschen, dass zwischen den beiden Partnern alles andere als Einigkeit herrschte. Bereits kurz nach der Revolution war es zu einem ersten Konflikt zwischen Tschertkow und den Bolschewiki gekommen. Am 15. Juli 1919 hatte die Tscheka Tolstois Tochter Alexandra in Moskau aufgrund einer Denunziation festgenommen. Tschertkow wandte sich noch am selben Tag mit einem Brief an den Chef der Tscheka, Feliks Dzierżyński, und bat ihn, die unpolitische Alexandra Tolstaja aus der Haft zu entlassen. Der «eiserne Feliks» ließ sie umgehend frei. Ihr Verhältnis zur Sowjetmacht war damit allerdings keineswegs geklärt. Zwar ernannte sie Lunatscharski zum Kommissar auf dem Landgut Jasnaja Poljana, das bereits 1918 von den Bolschewiki einen Sonderstatus erhalten hatte: Nach der allgemeinen Landenteignung überließ man Jasnaja Poljana Sofia Andrejewna zur Nutznießung und richtete ihr sogar eine lebenslange Rente aus. Allerdings starb die Gräfin bereits im Jahr 1919. Am 28. März 1920 wurde Alexandra Tolstaja erneut verhaftet, unter dem Vorwurf einer antisowjetischen Verschwörung. Diesmal endete die Affäre schlecht: Alexandra Tolstaja wurde zu drei Jahren Haft im Frauengefängnis verurteilt, das sich im aufgelösten Moskauer Nowospasski-Kloster befand. Nach einem Jahr wurde Alexandra Tolstaja vorzeitig aus der Haft entlassen, hauptsächlich wegen der Fürsprache der Bauern aus Jasnaja Poljana. Anschließend kehrte sie als Kustodin nach Jasnaja Poljana zurück, emigrierte aber 1929 über Japan in die USA, wo sie erst 1979 starb.

Auch Tschertkow selbst blieb von den Bolschewiki nicht unbehelligt. Im Dezember 1922 wurde er zweimal verhört. Dabei legte er ungewöhnlichen Mut an den Tag: Auf die zweite Vorladung reagierte er mit einem distinguierten Brief, in dem er darlegte, dass er als Tolstoi-Anhänger den Staat grundsätzlich ablehne, aber gerne die Vertreter der Tscheka bei sich zu Hause empfange, falls sie Fragen an ihn hätten. Die Behörden beschlossen, ihn für drei Jahre ins Ausland zu verbannen – dasselbe Schicksal traf übrigens auch Tolstois letzten Sekretär Walentin Bulgakow. Tschertkow bat jedoch darum, in Russland bleiben zu können, um sein Lebenswerk – die Herausgabe der Werke Tolstois – zu vollenden. Für die noch wenig profilierte Sowjetkultur war das eine vielversprechende Perspektive. Überdies hatte Tschertkow kurz zuvor das viel beachtete Buch *The Last Days of Tolstoy* in England publiziert. Eine Strafmaßnahme gegen ihn hätte das internationale Ansehen der jungen Sowjetunion beschädigt, die gerade am 30. Dezember 1922 gegründet wurde. Wahrscheinlich gaben diese beiden Umstände den Ausschlag, dass Tschertkow in Russland bleiben und die Gesamtausgabe leiten durfte.

Das Herausgeberteam fand sich auf dem kleinsten gemeinsamen Nenner – der Gegnerschaft zur Autokratie – und verfolgte im Übrigen aber eine eigene Agenda. Für Lunatscharski war die komplette Herausgabe von Tolstois Werk ein Prestigevorhaben, mit dem sich die neue russische Regierung vorteilhaft von der Zarenherrschaft mit seiner Zensur und ideologischen Repression abheben wollte. Tschertkow erblickte im neuen Staat ein mächtiges publizistisches Monopol, das er für die Verbreitung von Tolstois Ideen instrumentalisieren wollte. Von Anfang an saß Tschertkow am längeren Hebel, weil er den Überblick über Tolstois gesamten handschriftlichen Nachlass hatte.

Für die Gesamtausgabe von Tolstois Werken war Lunatscharski auf Tschertkow angewiesen, der sich nur aus opportunistischen Gründen auf eine Zusammenarbeit mit den Bolschewiki einließ. Diese starke Position äußert sich direkt im Verlagsvertrag vom 2. April 1928, wo es unter dem vierten Punkt heißt: «Der verantwortliche Chefredakteur von L. N. Tolstois Werken ist W. G. Tschertkow, in dessen Redaktion der Staatsverlag nicht eingreifen darf. W. G. Tschertkow wählt die Mitarbeiter der Ausgabe allein aus.»

Bereits früher, am 25. November 1925, war es Tschertkow in einer Sitzung mit Lunatscharski gelungen, die Freigabe des Copyrights durchzusetzen, die an prominenter Stelle direkt nach der Titelei in jedem Band auf Russisch und Französisch signalisiert wird («Nachdruck ist gratis gestattet» – «Reproduction libre pour tous les pays»).

Aus Anlass des hundertsten Geburtstags veranstaltete Lunatscharski 1928 auf Jasnaja Poljana eine große Feier mit Beteiligung westlicher Prominenz. Stefan Zweig kam und war beeindruckt. Romain Rolland, der damals noch nicht auf die Linie des Sowjetkommunismus eingeschwenkt war, sagte hingegen ab: «Mir scheint es genauso frevelhaft, Tolstoi vom Bolschewismus feiern zu lassen, wie Franz von Assisi vom Faschismus.»

Tolstois philosophische und theologische Schriften konnten während der Sowjetzeit nur in der Gesamtausgabe gedruckt werden. Und auch hier hielt es das Redaktionskomitee für nötig, den entsprechenden Bänden ein klärendes Vorwort aus der Feder des marxistischen Dienstphilosophen Walentin Asmus (1894–1975) vorauszuschicken.

Die politisch unverdächtigen künstlerischen Werke wurden in großen Auflagen auf den Markt geworfen. Aber auch hier gab es einzelne Zensurfälle. So ließ man etwa Tolstois gehässige Tagebuchbemerkung aus dem Jahr 1856, dass die Bauern die Freiheit nicht wollen, in sowjetischen Leseausgaben einfach weg. Der sorgfältig zurechtgestutzte Tolstoi wurde zu einer Galionsfigur der sowjetischen Kultur: 1920 benannte man sogar die Straße, in der Tolstoi während seiner Moskauer Aufenthalte gewohnt hatte, nach ihm um.

Allerdings respektierte man Tolstois testamentarischen Wunsch nach einem unspektakulären Gedenken und sah von einer Monumentalisierung seiner Person ab. Erst in der späten Sowjetzeit entstanden in Moskau, Tula, Sewastopol und Pjatigorsk Tolstoi-Denkmäler, die ihn meistens als ebenso entschlossenen wie besonnenen Vorkämpfer für die Sache der russischen Bauern porträtieren.

12. Tolstois Wirkung in der Weltliteratur

Tolstois innovative Schreibweise, seine literarische Themenwahl und sein ethisches Engagement machten ihn auch weit über Russland hinaus berühmt. Viele europäische Schriftsteller des 20. Jahrhunderts bewunderten den Autor von *Krieg und Frieden* und *Anna Karenina* und ließen Elemente seiner Poetik in ihre eigenen Werke einfließen.

Stark von Tolstoi beeindruckt war etwa der junge Romain Rolland (1866–1944), der ihm in den Jahren 1897 bis 1906 sieben Briefe schrieb. Tolstoi antwortete dem unbekannten Jüngling nur einmal, aber sehr herzlich und ausführlich. Er redete Rolland als «cher frère» an und gestand ihm, dass sein Brief ihn zu Tränen gerührt habe. In seiner langen Erwiderung setzte Tolstoi Rolland auseinander, warum er eine handwerkliche Tätigkeit dem künstlerischen Schreiben vorziehe. In seinen eigenen Werken nahm Rolland vor allem Tolstois Pazifismus auf und verfasste mit *Die Zeit wird kommen* (1903) ein Drama gegen den Burenkrieg in Südafrika. Auch im monumentalen Künstlerroman *Jean-Christophe* (10 Bände, 1904–1912), für den Rolland 1915 den Nobelpreis erhielt, sind einzelne Episoden von Tolstoi inspiriert. So spielt etwa der Rückzug des Protagonisten in einen Schweizer Wald deutlich auf Tolstois letzte Flucht aus Jasnaja Poljana an. Später wandte sich Rolland Tolstois Biographie auch explizit zu. Es ist kein Zufall, dass er gerade 1911 eine Lebensbeschreibung seines Jugendidols veröffentlichte. Rolland war von einem Auto auf den Champs-Élysées angefahren worden und dabei beinahe umgekommen. Zuvor hatte er heroische Lebensbeschreibungen von Beethoven und Michelangelo verfasst. Die Tolstoi-Biographie ist dagegen in einem ganz anderen Ton gehalten: Rolland rückt hier vor allem Tolstois Kunstverzicht aus ethischer Verantwortung im Angesicht des Todes in den Vordergrund.

Ähnlich wie Romain Rolland sprach auch Stefan Zweig (1881–1942) auf Tolstois Pazifismus an. Er setzte sich 1918 im Roman *Der Zwang* mit dem Thema der Kriegsdienstverweigerung auseinander und übersetzte 1919 Rollands Burendrama ins Deutsche. 1928 nahm er an der sowjetischen Hundertjahrfeier von Tolstois Geburtstag teil und schrieb im gleichen Jahr ein Tolstoi-Porträt, das er später in seine Sammlung *Baumeister der Welt* integrierte. Zweig präsentierte Tolstoi nach Casanova und Stendhal als höchste Stufe einer «seelischen Selbstschau», die gleichzeitig auch zu einer «ethisch-religiösen Selbstdarstellung» werde. Für Zweig waren alle Werke Tolstois zutiefst autobiographisch geprägt: Alles «Weltliche» ende in seinem «Ich». Deshalb gilt Tolstoi Zweig als Urtypus des Künstlers, der dem Leben seinen Gestaltungswillen aufzwingt – bis in den Tod hinein. Es ist nur konsequent, dass Zweig Tolstois letzte Flucht aus Jasnaja Poljana als eine Wegmarke in seine *Sternstunden der Menschheit* aufgenommen hat – neben dem Untergang des Oströmischen Reichs oder der entscheidenden Niederlage Napoleons bei Waterloo. Zweig verklärt Tolstois Sterben zu einem «herrlichen und vorbildlichen Tod», der «seinem Lebensschicksal die vollkommene Formung und Weihe verleiht». Sofia Andrejewna ist aus Zweigs Perspektive nur die sture Repräsentantin der prosaischen Lebenswirklichkeit, die sich der letzten Steigerung von Tolstois Künstlertum entgegenstellt. Zweig präsentiert Tolstois letzte Lebensstunden in einem Theaterstück, das er als letzten Akt zu Tolstois eigenem Drama *Und das Licht scheint in der Finsternis* konzipiert – der fließende Übergang von künstlerischem Werk zu biographischer Praxis zeigt sich hier in aller Deutlichkeit.

Ebenso wie für Zweig war auch für Ludwig Wittgenstein (1889–1951) der Erste Weltkrieg ein traumatisches Ereignis, das er durch eine Tolstoi-Lektüre zu bewältigen suchte. Als Soldat der k.-und-k.-Armee hatte er Ende August 1914 in einem Buchladen im galizischen Tarnów eine Ausgabe von Tolstois

Kurzer Darlegung des Evangeliums gefunden und war tief davon beeindruckt. Die Frontsoldaten nannten ihn deswegen sogar «der mit dem Evangelium». Auch Wittgensteins Lebensentscheidung, auf den Erbanteil aus dem Vermögen des verstorbenen Vaters zu verzichten und als Grundschullehrer in einem niederösterreichischen Dorf zu arbeiten, ist im Zusammenhang mit seiner Tolstoi-Lektüre zu sehen. Schließlich finden sich auch Anklänge an Tolstois Vernunftsoptimismus im *Tractatus logico-philosophicus*. Wittgenstein behauptet: «Was sich überhaupt sagen lässt, lässt sich klar sagen.» Die eigentlichen Probleme der Philosophie liegen für den österreichischen Philosophen jedoch im Unsagbaren; ein tieferes Verstehen ereignet sich außerhalb der Sprache: «Die Lösung des Problems des Lebens merkt man am Verschwinden dieses Problems. (Ist nicht dies der Grund, warum Menschen, denen der Sinn des Lebens nach langen Zweifeln klar wurde, warum diese dann nicht sagen konnten, worin dieser Sinn bestand.)» Es wäre aber falsch, Wittgenstein als Tolstoianer zu bezeichnen: Tolstoi glaubte, den Sinn des Lebens nicht nur erkannt, sondern auch beschrieben zu haben. Es kam ihm nur noch auf die Verbreitung der von ihm erkannten Wahrheit an, während Wittgenstein in späteren Jahren zum Sprachskeptiker wurde. Letztlich maß er Tolstoi an diesem strengen Maßstab, als er in einem Brief an Norman Malcolm schrieb: «Ich habe einmal versucht, *Auferstehung* zu lesen, schaffte es aber nicht. Wenn Tolstoi einfach eine Geschichte erzählt, beeindruckt er mich viel mehr, als wenn er direkt mit dem Leser spricht. Wenn er dem Leser seinen Rücken zukehrt, dann scheint er am beeindruckendsten zu sein. Es scheint mir, dass seine Philosophie am wahrsten ist, wenn sie in den Erzählungen verborgen ist.»

Franz Kafka (1883–1924) war beeindruckt von Tolstois literarischem Selbstbewusstsein, hielt jedoch nach der Lektüre des Romans *Auferstehung* fest, man könne «die Erlösung nicht schreiben, nur leben». Ebenso fand er die Darstellung der Hoffnungslosigkeit und Verzweiflung in den Erzählungen *Die Kreutzersonate* und *Der Tod des Iwan Iljitsch* überzeugend, ohne dabei freilich Tolstois Heilsprogramm anerkennen zu wollen.

Es gibt eine Reihe von motivischen Übereinstimmungen zwischen Kafka und Tolstoi, die aber nicht überbewertet werden sollten. Max Brod (1884–1986) ging sogar so weit, seiner zweiten Kafka-Biographie den Untertitel «Kafka und Tolstoi» zu geben, weil er gegen das Vorurteil von Kafkas Nihilismus anschreiben wollte.

Rainer Maria Rilke (1875–1926) lernte Tolstoi während zweier Russlandreisen mit Lou Andreas Salomé in den Jahren 1899 und 1900 persönlich kennen. Viel später, in einem Brief an Herrmann Pongs vom 21. Oktober 1924, erklärte Rilke die Bedeutung dieser Begegnungen: «Tolstoi: Es wäre falsch, den Besuchen bei ihm einen Einfluss auf meine damaligen Arbeiten zuzuschreiben; schließlich bestätigte er mir nur die Entdeckung Russlands, die für mich entscheidend war. Seine Gestalt selbst war mir die Verkörperung eines Verhängnisses, eines Missverstehens, und ergreifend wurde sie für mich dadurch, dass sie, bei allem eigensinnigen Unrecht, das dieser gewaltig Beunruhigte sich antat und Anderen anzutun beständig bereit war, dass sie, (sage ich) doch so rührend beschützt und gültig wirkte in ihrem Abtrünnigsein an ihren größesten und gekonntesten Aufgaben. Nur *so* konnte ein junger Mensch, dessen Entschluss, das ganze Leben lang Kunst zu machen, schon gefasst war, jenen widerspruchsvollen Greis auffassen, der in sich an der ständigen Unterdrückung dessen arbeitete, was ihm im göttlichsten Sinne auferlegt worden war; der sich mit unendlicher Mühe bis ins eigene Blut hinein widerrief und mit den ungeheueren Kräften nicht fertig wurde, die sich in seinem unterdrückten und verleugneten Künstlertum unerschöpflich erneuten. Wie hoch (und rein!) stand er über jenen, den Meisten in Europa, die, im Gegenteil, zeitlebens um diese Kräfte besorgt waren und entschlossen, durch Übung und Fälschung (durch ‹Literatur›) das gelegentliche Nachlassen oder Ausbleiben ihrer Fruchtbarkeit zu verdecken. Die Begegnung mit Tolstoi (dessen moralische und religiöse Naivitäten keinerlei Anziehung auf mich ausübten – kurz vor meiner zweiten Reise hatte ich die schmähliche und törichte Broschüre *Was ist Kunst?* zu allem Überfluss in die Hände bekommen) bestärkte in mir genau das Gegenteil von dem, worauf er es bei seinen Besuchern mochte angelegt haben; unendlich entfernt, seiner willkürlichen Absage recht zu geben, hatte ich, bis in sein unwillkürlichstes Benehmen hinein, den Künstler die heimliche Oberhand behalten sehen, und gerade angesichts seines von Weigerungen erfüllten Lebens steigerte sich in meinem Innern die Vorstellung von dem Rechthaben der künstlerischen Eingebung und Leistung; von ihrer Macht und Gesetzlichkeit; von der schweren Herrlichkeit, zu dergleichen berufen zu sein.» Genau diese Deutung Tolstois als eines Künstlers malgré lui findet sich auch in der ursprünglich letzten Aufzeichnung des *Malte Laurids Brigge*, die Rilke allerdings nicht in die Endredaktion des Romans aufgenommen hat. Tolstois religiöse Wende wird hier nachgerade als Teufelswerk dargestellt: «Der Versucher kam wieder und überzeugte ihn, dass es nicht zu verantworten sei, dass er das Schicksal Eingebildeter und Erfundener beschriebe, während die Wirklichen das ihre nicht bewältigen konnten. Schließlich blieb der Versucher Tage und Nächte in dem Landhaus von Jasnaja und gedieh. Es war sein Entzücken, es mitzumachen, wie der Beirrte immer bestürzter das Herzwerk verließ, das sein eigenes war, um sich verzweifelt an allen Gewerben zu üben, die er nicht konnte.»

Eine ähnliche Haltung zu Tolstoi nahm Thomas Mann (1875–1955) ein. In den *Betrachtungen eines Unpolitischen* (1918) würdigte er den Autor von *Krieg und Frieden* durchaus ambivalent als wahren Künstler, der aber später seine ästhetische Berufung zugunsten eines sozialen Heilsprogramms verraten habe. Damit aber geriet Tolstoi in das Räderwerk von Manns eigener Argumentation: Thomas Mann spielte den deutschen Kunstsinn, der sich am deutlichsten in der Musik manifestiere, gegen die verderbliche westliche Vorliebe für die Politik und Demokratie aus. Deshalb spottete er hämisch über den «Politiker» Tolstoi: «Tolstoi korrespondierte mit einem amerikanischen Pastor, der ihn ‹My dear brother› anredete. Das war, wenn mir recht ist, nicht mehr und nicht weniger als ein welthistorischer Skandal; und dass es dahin kommen konnte, ist Tolstois Schuld, die Schuld seiner Entartung vom großen Slawendichter zum Propheten einer demokratischen Allerweltswohlfahrt. Sein Erfolg in der angelsächsischen Welt war außerordentlich – womit über sein Niveau etwas ausgesagt ist. Wer verstünde in Amerika etwas von Dostojewski? Das Los aber, von einem Reverend ‹my dear brother› angesprochen zu werden, ist dem Dichter der Karamasows erspart geblieben.» In seinem Essay *Goethe und Tolstoi* (1921) wandte Thomas Mann Schillers Gegenüberstellung von naiver und sentimentalischer Dichtung auf seinen Untersuchungsgegenstand an. Sowohl Goethe als auch Tolstoi gelten ihm als naturverbundene Dichter, die in unterschiedlichem Maß nach dem «Geist» streben. Tolstoi steht aus Manns Sicht für die wilde, ungebändigte, ja sogar asiatische russische Natur überhaupt. Unverkennbar spricht Mann in diesem Essay pro domo: Er charakterisiert die beiden berühmten Vorgänger aus der Perspektive des Überlegenen, Wissenden und gibt implizit zu verstehen, dass er selbst die geforderte Synthese von Natur und Geist in idealer Form verkörpert. Noch deutlicher wird diese Kritik in einem Brief vom 7. Januar 1945: «Tolstoi war meiner Meinung nach nicht tief, sondern nur hilflos in seiner Kraft. Ich habe immer nur eine schöpferische Naturkraft, aber keinen Geist in ihm gesehen.»

Eine Mischung aus Anerkennung und Kritik zeichnete auch Henry James' (1843–1916) Verhältnis zu Tolstoi aus. Er zollte zwar Tolstois monumentaler Prosa Respekt, bezeichnete seine Romane aber als «loose baggy monsters». Deshalb sei Tolstois Schreiben zwar staunenswert, aber verderblich für andere: Wer unter seinen Schülern nicht so elephantös wie der Meister sei, könne nur in die Irre gehen.

George Bernard Shaw (1856–1950) hatte Tolstoi im Jahr 1908 sein Drama *Mensch und Übermensch* geschickt und darauf eine irritierte Antwort erhalten. Tolstoi warf Shaw mangelnden Ernst vor und forderte ihn auf, seine sprachlichen Ausdrucksfähigkeiten nicht für satirische Spielereien, sondern für den Dienst an der Menschheit einzusetzen. Shaw schrieb Tolstoi provozierend zurück: «Angenommen, die Welt wäre nur ein Witz Gottes, hätten Sie weniger gearbeitet, um aus einem schlechten Witz einen guten zu machen?» Tolstoi zeigte auch in diesem Fall keinen Humor und brach die Korrespondenz mit einer beleidigten Notiz ab. Shaw rächte sich später während einer Londoner Gedenkveranstaltung zu Tolstois zehntem Todestag, an der er das Drama *Und das Licht scheint in der Finsternis* als unfreiwillige Selbstentlarvung des Autors deutete: Hier habe sich der «große Prophet» als «täppischer, bösartiger, grausamer Narr» in Szene gesetzt.

James Joyce (1882–1941) schätzte Tolstoi als Autor, nicht aber als Moralisten. Er hielt *Wieviel Erde braucht der Mensch?* für die beste Erzählung in der Weltliteratur und attestierte Tolstoi, er sei «nie langweilig, nie dumm, nie müde, nie pedantisch, nie theatralisch». Die Frage, ob Joyce den *stream of consciousness* in *Ulysses* von Tolstoi übernommen hat, ist schwierig zu entscheiden. Stanislaus Joyce beanspruchte in einem Brief vom 7. August 1924 an seinen Bruder die Erfindung der «kinematographischen psychologischen Analyse» für sich und verwies auf eine eigene Tagebuchaufzeichnung vom 18. Juli 1904, in der er die Gedanken eines einschlafenden Menschen festgehalten habe. Die Idee dazu habe er seinerseits Tolstois *Sewastopoler Erzählungen* entnommen. Möglicherweise hat Joyce also seine berühmte literarische Technik über seinen Bruder Stanislaus von Tolstoi übernommen. James Joyce kümmerte sich indes trotz seiner hohen Wertschätzung Tolstois wenig um biographische Details: Er sah hinter dem stilisierten Bauern immer den Aristokraten «mit Petersburger Akzent» (richtig: Moskauer Akzent) und übersetzte den Familiennamen mit «der Große» (richtig: Der Dicke) – diese Bezeichnung verdiene der Dichter in der Tat.

E. M. Forster (1879–1970) nannte *Krieg und Frieden* den «größten je geschriebenen Roman» – «er ist groß nicht wegen seines Umfangs, sondern weil er lebt». In seiner erzähltheoretischen Untersuchung *Aspekte des Romans* (1927) widmete Forster diesem Roman einen ganzen Abschnitt und verwies vor allem auf die räumliche Dimension, die in der Schilderung der Ereignisse besonders stark hervortrete. Forster anerkannte gerade die Regellosigkeit von Tolstois Romanepos als Kunstmerkmal: «So ein unordentliches Buch. Aber wenn wir es lesen, beginnen nicht große Saiten hinter uns zu erklingen, und wenn wir es beendet haben, führt nicht jedes Element – sogar der Katalog der Strategien – eine größere Existenz, als es zunächst möglich schien?»

Für die amerikanische Kriegsliteratur wurde Tolstoi zu einem wichtigen Bezugspunkt. Stephen Crane (1871–1900) gestaltete in seinem Roman *Das rote Siegel* (1895) die faszinierende Attraktivität des kriegerischen Heldentums. Cranes Held erhält zwar die begehrte Auszeichnung, aber nur aus einem Missverständnis heraus. Die Kriegsbegeisterung und die Sucht nach öffentlicher Anerkennung werden hier als mächtige Antriebskraft menschlicher Selbsttäuschung entlarvt. Crane bekannte in einem Brief vom November 1895, dass er Tolstoi unter allen Schriftstellern am meisten bewundere. *Krieg und Frieden* fand er allerdings zu umfangreich: «Tolstoi hätte das Ganze in einem Drittel der Länge erledigen können und es ebenso wunderbar machen können. Es hört und hört nicht auf, wie Texas.»

Auch John Dos Passos' (1896–1970) Antikriegsroman *Drei Soldaten* (1921) verweist auf Tolstois Vorbild. Dos Passos beschreibt den Willensverlust der amerikanischen Soldaten, die wie Vieh während der Überfahrt nach Frankreich zusammengepfercht werden. Ein Protagonist kommentiert die unhaltbaren Zustände im Schiffsbauch mit den Worten: «Man muss die Menschen zu Tieren machen, damit sie sich so verhalten. Schon mal Tolstoi gelesen?» Tolstoi ist aber auch durch das Genre des historischen Epos (*Krieg und Frieden*) in Dos Passos' Werk präsent: In der monumentalen Trilogie *U. S. A.* (1930–1936) spiegelt Dos Passos individuelle Schicksale in der Geschichte der Nation.

Ernest Hemingway (1899–1961) bekannte 1942 in einer Einleitung zu einer umfangreichen Anthologie mit dem Titel *Menschen im Krieg,* dass es über dieses Thema nichts Besseres gebe als das, was Tolstoi geschrieben habe. Allerdings fand Hemingway – ähnlich wie Henry James und Stephen Crane –, *Krieg und Frieden* sei viel zu lang geraten, der Roman würde durch Kürzungen viel gewinnen. Er störte sich besonders an Tolstois negativer Darstellung Napoleons, mit der er die «Wahrheit» seinen eigenen geschichtsphilosophischen Überlegungen anzupassen versuche. Hemingway versuchte in seinen eigenen Kriegsroma-

nen, die psychologischen Reaktionen von Kämpfern in Extrem-
situationen nachzuzeichnen, ohne dabei metaphysische Spekula-
tionen anzustellen.

Während des ganzen 20. Jahrhunderts war Tolstoi der In-
begriff der russischen Kultur. Deshalb griff die Kinoindustrie in
den USA, Russland, Italien und sogar Indien seine Stoffe eifrig
auf: *Krieg und Frieden* wurde fünfmal, *Anna Karenina* über
zwanzigmal verfilmt. Besonders erfolgreich war Sergei Bodrows
moderne Verfilmung der Erzählung *Der Gefangene im Kaukasus* (1996). Der Starregisseur inszenierte die Handlung von
Tolstois Text im ersten Tschetschenienkrieg und verwies damit
auf die Aktualität des ursprünglichen Problemkreises von Impe-
rialismus und Interkulturalität. 2009 wurde auch Tolstois Leben zum Gegenstand eines Kinofilms, der einer literarischen
Vorlage von Jay Parini (geb. 1948) folgt: *Ein russischer Sommer*
erzählt die dramatische Geschichte von Tolstois Ehekrise, seiner
Flucht aus Jasnaja Poljana und seinem Tod auf der Eisenbahn-
station von Astapowo. Das Ehepaar Tolstoi wird gespielt von
Christopher Plummer und Helen Mirren.

Die Autoren der neuesten Tolstoi-Biographie (2006) aus der
russischen Reihe «Das Leben bemerkenswerter Menschen» be-
klagen am Ende des Buchs das mangelnde Interesse heutiger
russischer Leser an Tolstoi. Gleichzeitig verweisen sie aber auf
seinen Erfolg etwa in den USA: *Anna Karenina* erreichte im Juni
2004 Platz eins der wichtigsten Bestsellerlisten, nachdem Oprah
Winfrey den Roman in ihrem Buchclub empfohlen hatte. Anna
Karenina ist aber auch in anderer Form auf dem amerikanischen
Buchmarkt präsent: Rechtzeitig zum hundertsten Todestag erscheint eine Romancollage mit dem Titel *Android Karenina*,
«gemeinsam verfasst» von Ben H. Winters und einem wehr-
losen Lew Tolstoi. Die Liebesgeschichte folgt der Originalhand-
lung, ergänzt sie aber um Roboter, Cyborgs und interplanetare
Reisen. Wenigstens hat Tolstoi aber damit seine Tauglichkeit
auch für das neue Jahrtausend unter Beweis gestellt.

Anhang

13. Zeittafel

1828	Geburt in Jasnaja Poljana im Gouvernement Tula
1844–1847	Bricht zweimal das Universitätsstudium in Kasan ab: zunächst Orientalistik, später Jurisprudenz
1851	Begleitet seinen Bruder Nikolai in den Kaukasus und tritt in die Armee ein
1852	Veröffentlicht den autobiographischen Roman *Kindheit*
1854–1856	Teilnahme am Krimkrieg, veröffentlicht *Sewastopoler Erzählungen*
1857	Erste Europareise (Frankreich, Schweiz, Deutschland)
1858	Wird während der Jagd von einem Bären angefallen und trägt seither eine Narbe im Gesicht. Verliert wegen schlechter Hygiene alle Zähne
1860–1861	Zweite Europareise (Deutschland, Frankreich, Italien, England, Belgien). Besucht zahlreiche Schulen, um seine eigenen pädagogischen Projekte voranzutreiben
1862	Heirat mit Sofia Andrejewna Behrs
1868	Publikation von *Krieg und Frieden*
1878	Publikation von *Anna Karenina*. Beginn der religiösen Lebenskrise, die aber nur eine Radikalisierung früherer Ansichten bedeutet
1884	Gründet mit Wladimir Tschertkow den Verlag «Der Vermittler», in dem seine moralischen Traktate in hoher Auflage erscheinen
1892	Hilft bei der Bekämpfung der Hungersnot
1899	Veröffentlicht seinen letzten Roman *Auferstehung*
1901	Exkommunikation aus der russisch-orthodoxen Kirche
1910	Flucht aus Jasnaja Poljana und Tod in der Eisenbahnstation Astapowo

14. Weiterführende Literaturhinweise

Geir Kjetsaa: Lew Tolstoj. Dichter und Religionsphilosoph. Gernsbach: Casimir Katz, 2001.

Hugh McLean: In quest of Tolstoy. Boston: Academic Studies Press, 2008.

Donna T. Orwin: The Cambridge Companion to Tolstoy. Cambridge: Cambridge University Press, 2002.

Daniel Murphy: Tolstoy and education. Dublin: Irish Academic Press, 1992.

Ursula Keller, Natalja Sharandak: Sofja Andrejewna Tolstaja. Ein Leben an der Seite Tolstojs. Frankfurt am Main: Insel, 2009.

Alexander Fodor: A Quest for a Non-Violent Russia. The Partnership of Leo Tolstoy and Vladimir Chertkov. Lanham: University Press of America, 1989.

Jens Herlth, Martin George, Christian Münch, Ulrich Schmid (Hgg.): Tolstoj als Theologe und Kirchenkritiker. Göttingen: Vandenhoeck&Ruprecht, 2010.

Holger Kuße: Lev Tolstoj und die Sprache der Weisheit. Göttingen: Vandenhoeck&Ruprecht, 2010.

Peter Brang: Ein unbekanntes Russland. Kulturgeschichte vegetarischer Lebensweisen von den Anfängen bis zur Gegenwart. Köln: Böhlau, 2002.

Magdalene Zurek: Tolstojs Philosophie der Kunst. Heidelberg: C. Winter, 1996.

Gary Saul Morson: Anna Karenina in Our Time. Seeing More Wisely. New Haven: Yale University Press, 2007.

Peter Sekirin (Hg.): Americans in Conversation with Tolstoy. Selected Accounts 1887–1923. Jefferson: McFarland, 2006.

W. Gareth Jones (Hg.): Tolstoi and Britain. Oxford: Berg, 1995.

15. Personenregister

Tolstoi bei C.H.Beck

Jay Parini

Ein russischer Sommer

Tolstois letztes Jahr
Roman
Aus dem Englischen von Barbara Rojahn-Deyk
2. Auflage. 2010
358 Seiten mit 16 farbigen Abbildungen. Broschiert

Lew Tolstoi

Für alle Tage

Ein Lebensbuch
Mit einem Geleitwort von Volker Schlöndorff
und einem Nachwort von Ulrich Schmid
Auf Grundlage der russischen Ausgabe letzter Hand von Christiane Körner
revidierte und ergänzte Übersetzung von E. Schmitt und A. Škarvan
2010. 760 Seiten mit 9 Abbildungen. Leinen

«Fasten entlastet den Körper, Tolstoi macht den Kopf frei.»
Süddeutsche Zeitung Magazin

«Mit dem von Christiane Körner überaus sorgfältig edierten und
übersetzten ‹Lebensbuch› *Für alle Tage*, versehen mit einem sehr
klugen Nachwort von Ulrich Schmid und einem sehr persönlichen
Geleitwort von Volker Schlöndorff … kann man eine Annäherung
an den religiösen Tolstoi guten Mutes wagen.»   *DIE ZEIT*

«Das aufwändig gestaltete Buch liest sich ebenso abwechslungs-
reich wie unterhaltsam und lädt den Leser ein, das Werk zur täg-
lichen Lektüre aufzuschlagen, um mahnende wie tröstliche Weis-
heiten zu erhalten.»   *Hamburger Abendblatt*

«Ein profunder, buchkünstlerisch erlesen aufgemachter Band»
Neues Deutschland

C.H.BECK ◨ WISSEN

in der Beck'schen Reihe

Zuletzt erschienen: